MEZZE

EIN GENUSS

MEZZE

DIE WELT DER ARABISCHEN VORSPEISEN

Bettina Matthaei / Mohamad Salameh
Rezeptfotos: Michael Boyny
Reportagefotos: Bettina Matthaei

EIN GENUSS

INHALT

6 Vorwort

9 Im Reich der feinen Vorspeisen
Reportage aus dem Libanon

29 Mezze traditionell
Träumen Sie von einem Sommer-Picknick im Olivenhain: mit Klassikern von cremigem Hummus bis zu knusprig-frischem Brotsalat, von Gewürzkarotten bis zu frittierten Sardinen. Unverfälscht und ehrlich.

61 Feine und neue Mezze
Hier kommen die modernen Aromen des Orients: von honigmarinierter Paprika über zitronige Hähnchenbälle bis hin zu Artischocke mit Mandelsauce. Leicht und fantasievoll.

95 Mezze opulent
Diese Köstlichkeiten versetzen Sie in einen Sultanpalast: von Wachteln mit Walnusspflaumen über fruchtiges Lammfilet auf Granatapfel-Kirsch-Sauce bis hin zu edlem Safrangelee. Ein Fest für die Sinne.

129 Desserts
Schwer zu entscheiden, ob sie der Höhepunkt eines üppigen Mahles sind oder die heimliche Hauptsache: duftende Kaffeespezialitäten, erfrischende Sorbets und honigsüße Kleinigkeiten.

146 Küchentechnik und Gebrauchsanweisung
Eine kleine Mengelehre und interessante Küchentipps.

148 Gewürze und Grundrezepte
Gewürzmischungen, köstliche Saucenrezepte, Fladenbrot und Sesamkringel und bunte Reisvariationen.

156 Vorschläge für Mezzetafeln
Für viele Gelegenheiten: ganz einfach, blitzschnell, sommerlich und winterlich, Luxus pur, vegetarisch, klassisch, ...

158 Glossar
Wissenswertes über orientalische Zutaten von Berberitze bis Yufkateig.

163 Zum Weiterlesen
Ganz persönliche Literaturtipps machen Lust auf mehr.

164 Register
168 Impressum

VORWORT

von Bettina Matthaei und Mohamad Salameh

Jeder hat sein eigenes Bild vom Morgenland, geprägt von den zauberhaften Märchen aus 1001 Nacht. Da sind Sultanpaläste und Minarette oder belebte Basare mit kostbaren Stoffen und poliertem Messing, mit Wasserpfeifen und duftenden Gewürzen.

Bei dem Wort »Orient« entstehen ganz von selbst Assoziationen wie geheimnisvoll, üppig und märchenhaft. Begriffe wie Vielfalt und Genuss, wie Gastfreundschaft und Großzügigkeit.

In den Mezze, den arabischen Vorspeisen, spiegeln sich all diese Assoziationen wider. Für Mezze soll man sich viel Zeit nehmen: Zeit, um die frischesten Zutaten auszuwählen. Zeit für die Vor- und Zubereitung. Zeit zum Genießen.

Eine orientalische Mezzetafel zeichnet sich durch eine Vielzahl kleiner Gerichte aus. Gerade diese große Auswahl macht ihren Reiz aus, und es wäre schade, wenn man nach nur einem Gericht bereits satt wäre. Um eine Mezzetafel richtig zu planen, haben wir deshalb eine kleine »Mezze-Mengenlehre« entwickelt. Anregungen und viele Tipps finden Sie auf Seite 146.

Wir haben für Sie vier verschiedene Mezzetafeln gedeckt:

Im ersten Kapitel finden Sie traditionelle Vorspeisen, so wie sie seit Jahrhunderten zubereitet werden, einfach und natürlich, bestechend durch ihre Frische. Das zweite Kapitel bietet feine Variationen aus orientalischen und mediterranen Zutaten, leicht im Genuss und raffiniert im Aroma. Im dritten Kapitel wird es richtig orientalisch-üppig und absolut edel. Gerichte, die auch einem Sultan schmecken würden! Verwöhnen Sie sich und Ihre Gäste mit ausgesuchten Köstlichkeiten. Im vierten Kapitel schließlich finden Sie zu jeder Mezze den richtigen Abschluss: feines Gebäck, honigsüße Desserts und erfrischende Getränke.

Selbstverständlich können Sie Gerichte aus einem Kapitel mit Gerichten aus einem anderen Kapitel kombinieren. Das erhöht die Vielfalt. Lassen Sie sich von unseren Vorschlägen inspirieren, gestalten Sie Ihre eigene Mezzetafel und präsentieren Sie sich damit als orientalisch-großzügiger Gastgeber.

Mehr Vielfalt erreicht man auch mit kleinen Knabbereien, die passend zu den Hauptgängen dazu gestellt werden können. So schmecken Gurkenscheiben, Kirschtomaten, Radieschen, Paprikastreifen, Salatblätter, Frühlingszwiebeln, Oliven oder Fetawürfel eher zu einer traditionellen Mezzetafel. Datteln, Feigen, Pistazien, Mandeln oder Aprikosen ergänzen sowohl eine schlichtere wie eine opulentere Auswahl an Gerichten und sind gleichzeitig stilvolle Tischdekoration.

Ob traditionell oder opulent – mit unseren Rezepten möchten wir die feinen Aromen und den wundervollen Geschmack des Orients zu Ihnen ins Abendland bringen.

Guten Appetit und Sahteen
wünschen Bettina Matthaei und Mohamad Salameh.

IM REICH DER FEINEN VORSPEISEN

REPORTAGE AUS DEM LIBANON

Morgens früh, sieben Uhr. Noch ist der Himmel über Beirut blassblau mit einzelnen rosa Streifen. In der Küche der 68-jährigen Nayfa breitet sich der klare, intensive Duft von Minze und Petersilie aus. Nayfa sitzt auf dem Boden, vor sich einen Korb, übervoll mit taufrischen Kräutern. Mit routinierten Handgriffen nimmt sie Stängel für Stängel, fasst sie wie einen Blumenstrauß zusammen. Ruhe geht von ihr aus. Ein Bild wie vor Hunderten von Jahren. Der amerikanische Kühlschrank und die Mikrowelle versetzen uns zurück in die Gegenwart.

Tradition und modernes Leben verbinden sich in dieser Küche ganz selbstverständlich. Eine Szene so reich an Kontrasten wie das ganze Land.

Nayfa will dem Besuch aus Deutschland zeigen, wie die echte Tabuleh, der libanesische Petersiliensalat, zubereitet wird. Lebhafte Erklärungen begleiten ihre Handgriffe. Ich verstehe kein Wort. Mein Wortschatz beschränkt sich auf »Salam« und »Marhaba« (Hallo, Guten Tag), »Schukran« (Danke) und »Almani« (Deutsch). Aber Nayfas Gesten verstehe ich: Dieses scheinbar frische Minzeblatt ist nicht frisch genug. Sieh her, so, genau so muss wirklich frische Minze aussehen! Und so muss man den Petersilienstrauß festhalten, die Stiele direkt unter den Blättchen wegschneiden. Das Blätterbündel immer wieder drehen, dabei fest umfassen und dann in engen Abständen »scheibchenweise« abschneiden. Kein Blättchen wird kreuz und quer geschnitten oder gar gehackt. Das ist das Geheimnis. So verliert die Petersilie kaum Saft, bleibt locker und luftig – und unglaublich frisch.

Wenig später wird der Petersiliensalat serviert. Zusammen mit Mutabbal, dem libanesischen Auberginenpüree, und Hummus, der klassischen Kichererbsenpaste. Mit Oliven, taufrischen Blättern von Römersalat und hauchdünnem Fladenbrot. Ich reiße ein Stück Brot ab, um die Tabuleh aufzunehmen, aber Nayfa schüttelt den Kopf und schiebt mir stattdessen den Salat hin. Mohamad erklärt mir später, dass Tabuleh hier traditionell mit Salatblättern gegessen wird, die praktischerweise die Form von Löffeln haben. Das Fladenbrot ist zum Aufnehmen der Pasten gedacht. Sie schmecken besser als alle, die ich bislang probiert habe:

cremig-milder Hummus mit dem leicht herben Geschmack von Sesam und Olivenöl und Mutabbal mit dem rauchigen Aroma von Holzkohle.

Nayfa käme nie auf die Idee, Auberginen im Elektro-Ofen oder in der Mikrowelle zu garen. Stattdessen entzündet sie Stunden vorher Holzkohlen in einem kleinen Grill auf dem Balkon, bis sie unter einer weißlichen Schicht sanft vor sich hinglimmen und den Auberginen das unvergleichliche Aroma geben.

Hier bei Nayfa lerne ich viel über libanesische Familien und ihre Gastfreundschaft. Gutes Essen gehört immer dazu. Die Küche im Libanon gilt als die beste im Vorderen Orient, und die Köche sind als besonders experimentierfreudig bekannt. Einflüsse aus anderen Ländern, z. B. aus Frankreich oder Italien, werden begeistert aufgenommen und in die eigene Tradition integriert.

Links oben: Nayfa in Festtagskleidung: Auch wenn sie kein Deutsch spricht und ich kein Arabisch – bei Nayfa in Beirut lerne ich viel über libanesische Familien, ihre Gebräuche und ihre unglaubliche Gastfreundschaft.

Mitte links: Ob zu Hause oder im Restaurant, jede Mahlzeit beginnt mit »Jatt Choudr«, einem Teller mit frischen Tomaten, Paprika, Gurke, Radieschen, frischem Thymian und Minze.

Mitte rechts: Ein Blick von Nayfas Balkon – das Wohnhaus gegenüber signalisiert mit Erkern und Rundbögen neuen Wohlstand. Gardinenartige Markisen schützen vor Hitze und Lärm und geben den Häusern ein abenteuerliches Aussehen.

Bild unten: Nayfa ist früh aufgestanden. Gleich nach dem Morgengebet hat sie sich auf den Weg gemacht, um die frischeste Petersilie, die aromareichste Minze und die zartesten Frühlingszwiebeln für Tabuleh zu besorgen.

Unten: Die ganze Familie arbeitet im Imbisslokal »Ayaam Samaan«, was »Alte Zeiten« heißt. Man ist spezialisiert auf traditionelle, teilweise auch aufwändige Gerichte wie gefüllte Innereien, die zu Hause kaum noch zubereitet werden.

Hier esse ich »Fatteh«, eine köstliche Mischung aus gebratenen Brotstückchen, Kichererbsen und Joghurt, die mit Olivenöl und gerösteten Pinienkernen übergossen und mit Oliven, Zwiebeln und frischer Minze serviert wird.

Der Inhaber des »Ayaam Samaan« ist ein berühmter libanesischer Poet namens Al Shahrour, dessen Dichtkunst so einträglich war, dass er gleich nebenan das nach ihm benannte Restaurant »Al Shahrour« erwerben konnte.

Die traditionellen Mezze werden auch weiterhin nach den überlieferten Rezepten zubereitet: unverfälscht und immer so frisch wie möglich.

Es gibt Restaurants mit üppigen Mezzetafeln mit 40 oder mehr dieser köstlichen kleinen Gerichte und bescheidene kleine Lokale mit höchstens einem Dutzend. Diese Klassiker fehlen jedoch nie: Tabuleh, Hummus und Mutabbal, Falafel, die frittierten Bällchen aus geschroteten Kichererbsen. Fattusch, ein frischer Salat mit geröstetem Brot. Teigtäschchen, gefüllt mit Spinat oder Lammhackfleisch, und Sfiha, die beliebten Minipizzen. Und immer werden sie mit dünnem arabischem Fladenbrot, mit Oliven, frischen Gurken, Tomaten und Zwiebeln serviert. Diese klassischen Mezze kann man überall im Land genießen: in den Touristenzentren, im Sterne-Restaurant an der Küste ebenso wie im kleinen Dorf im Libanongebirge. Da ist z. B. das »Ayaam Samaam«, ein kleines Imbisslokal an der Beiruter Uferstraße. Der erste Eindruck stimmt nicht gerade erwartungsvoll. Die frischen Zutaten jedoch lassen mich Vertrauen fassen. Ähnlich ergeht es mir im »Khalifeh«, einem bekannten und beliebten Lokal, wie Mohamad versichert.

Auf mich wirkt es zunächst sehr schlicht und wenig einladend. Das Ambiente aus Plastikmöbeln und die zu hoch eingestellte Klimaanlage lassen mich bestenfalls mittelmäßiges orientalisches Fast Food erwarten. Doch dann kommt der erste Teller mit frisch aufgeschnittenen Gurken und Tomaten, mit Paprikaringen und dicken Büscheln frischer Minze – wie gerade geerntet. Dafür hat sich das Warten gelohnt. Alles wurde frisch hergestellt: Hummus und Mutabbal, Kibbeh und Fattusch. Der Mixed Grill mit Köfte, Geflügel- und Lammspieß, über Holzkohlen zubereitet, hat ein uriges, rauchiges Aroma.

Es ist die absolute Frische, die mich begeistert. Kein raffinierter, aber durch und durch ehrlicher Geschmack.

Oben: Die großen Gläser mit köstlichem eingelegten Gemüse, sauren Gurken, Mixed Pickles und Chilischoten sind nicht nur dekorativ. Zusammen mit Minze und frischem Gemüse machen sie aus einem kleinen Imbiss ein köstliches und gesundes Essen.

Unten: Neben den traditionellen Mezze gibt es immer mehr Fast Food. Sehr beliebt sind Falafel, die mit Salat und Tahina in Fladenbrot gewickelt werden. Dazu wird neben den westlichen Softdrinks auch Dschalab, eine Rosinenlimonade, angeboten. Überall entlang der Haupt- und Schnellstraßen wird auf überdimensionalen Plakatwänden geworben. Über der Imbissbude preist ein Teppichhändler seine Produkte als die »Schätze der Kulturen für dein Haus« an.

Die 38-jährige Maria, Gründerin und Eigentümerin des »Soufra Daimeh Food Network« und erfolgreiche Produzentin von Kochshows und -zeitschriften, ist ständig unterwegs. Sie kennt die Küchen der Welt und die besten Restaurants. Doch nach wenigen Tagen in London oder New York fühlt sie sich krank.

»Mir fehlen die frischen Kräuter. Die sonnengereiften Tomaten und Zitronen.«

Sie vermisst das gewohnte gesunde Essen ohne künstliche Aromastoffe und Geschmacksverstärker. Maria nennt es »Mezze-Heimweh«. Ihre Kochshow gehört zu der beliebtesten im Land. Für jeden Chefkoch ist es eine Ehre, bei ihr aufzutreten. Der Beruf nimmt Maria ganz in Anspruch. So bleibt ihr keine Zeit, um all die Köstlichkeiten selber vorzubereiten. Dafür lädt sie Mohamad und mich in ihr Lieblingsrestaurant »Al-Halabi« ein. Die Atmosphäre und das Interieur sind eher westlich-anspruchsvoll. Es sind Details, die darauf hinweisen, dass wir im Orient sind: So tragen beispielsweise junge Männer in traditioneller Kleidung und mit rotem Fez die Wasserpfeifen zu den Gästen an die Tische.

In einer kleinen Nische sitzt eine junge Frau und bereitet hauchdünne Fladenbrote zu. Geschickt wirft sie kleine Teigklumpen zwischen den Händen hin und her, dabei zieht sie den Teig in Windeseile zu einem Kreis von etwa 50 Zentimetern Durchmesser auseinander. Dieser wird auf ein rundes, dick gestopftes Polster geworfen und auf eine gewölbte runde Heizplatte gestülpt. Im Nu sind die Fladen gebacken, zu Viertelkreisen zusammengelegt und in Servierkörben arrangiert. So frisch wird hier das Brot serviert!

Maria bestellt das, was man hier eine »mittlere« Mezzetafel nennt. Lebhaft und stolz erklärt sie jedes einzelne Gericht. Es beginnt mit kleinen Knabbereien: frisch gepalten, süßen grünen Erbsen und Bohnenkernen, dazu Pistazien und andere Nusskerne. Zur Erfrischung gibt es eiskaltes Wasser mit Limettenscheiben und frischer Minze. Auch hier werden die beliebten Klassiker serviert. Neu sind für mich eine kräftig gewürzte Paste, die aus rohem Lammfleisch zubereitet wird, krümeliger Schafkäse mit Zwiebeln und Kräutern, kleine frittierte Fischchen (ähnlich der Fritture in Frankreich) mit Sesamsauce und frischer Limette, winzige Wachteln in würziger Granatapfelsauce.

Dazu trinke ich einen wunderbar weichen Rotwein aus der Beqaa-Ebene.

In dem schmalen Streifen zwischen Libanongebirge und Antilibanon herrschen ideale Klima- und Bodenbedingungen für Spitzenweine. Fruchtiger Geschmack und geringe Säure zeichnen sie aus. Die bekanntesten und häufig prämierten Weine stammen vom Chateau Ksara und Chateau Kefraya.

Während wir die Mezze genießen, werden am Nebentisch Desserts aufgebaut: frische Trauben, Scheiben von geeister Wasser- und Honigmelone. Eingelegter Kürbis, Datteln und köstliche Aprikosen in Zuckersirup. Dazu eine Art »Hüttenkäse« mit gehackten Pistazien. Und: ein weißes Gelee (Muhalabieh), aus Milch hergestellt und stark mit Rosenwasser parfümiert. Schließlich gibt es starken, süßen Kardamomkaffee aus winzigen Tassen. Ich bin überwältigt von der Vielfalt und kann mir nicht vorstellen, wie eine »große« Mezzetafel aussieht. Maria lässt kaum zu, dass ich mich bedanke. Es ist ihr eine Ehre.

Oben: Üppiger Überfluss in den eleganten Confiserien: feine Gebäckröllchen aus butter- und honiggetränkten Fadennudeln (Qateif) mit Pistazien oder Pinienkernen gefüllt. Davor Baklava, gefüllt mit süßer Mandelcreme und mit Pistazien bestreut.

Mitte links: Auch wenn man im Libanon, wie überall im Orient, das übersüße Gebäck schätzt – manchmal findet man in kleinen Bäckereien auch schlichtes Gebäck, wie dieses zwiebackähnliche, wenig süße »Ka'k« oder die leicht gesalzenen Brotstangen.

Mitte rechts: Im Basar werden diese mit Schwarzkümmel bestreuten Fladenbrote verkauft. Sie kommen gerade aus dem Ofen. Noch ganz warm sind sie rund wie kleine Kissen. Mit dem Abkühlen sacken sie zusammen und werden flach.

Unten: An den Stangenbroten sieht man den Einfluss Frankreichs auf die Küche im Libanon. Auch die runden Brotlaibe sind nicht landestypisch. Meistens werden die traditionellen flachen arabischen Fladenbrote verkauft.

An den Tischen vor den Restaurants ist kein Platz mehr frei. Es wird auffallend viel Wasserpfeife geraucht. Die Jugend bestellt »Hubble Bubble« und genießt die fruchtigen Varianten, aromatisiert mit Melone oder Ananas. Sehr dekorativ sieht es aus, wenn die Wasserpfeifen in ausgehöhlte frische Früchte gestellt werden – jeweils passend zum Aroma. Andere genießen »Galab«, ein süßliches Getränk aus Trauben und Rosinen, das mit Nüssen in großen Gläsern serviert wird.

Spät abends schlendern wir durch Al-Balad, die restaurierte Beiruter Altstadt mit ihren eleganten Geschäften. Neben den bekannten Labels findet man auch raffinierte Mode, die man als »Arabische Haute Couture« bezeichnen könnte: sehr teuer, aufwändig und üppig bestickt. Hier haben Designer Anleihen an arabischen Haremsgewändern genommen und mit moderner Eleganz kombiniert. Die Atmosphäre in der Altstadt ist eher mediterran als arabisch, manchmal habe ich das Gefühl, mich an der Côte d'Azur zu befinden. Es ist alles perfekt restauriert. Die Spuren des Krieges sind ausradiert. Was fehlt ist die Patina, die ganz normalen Alltagsspuren.

Moscheen stehen in direkter Nachbarschaft mit christlichen Kirchen. Das ist genauso selbstverständlich wie modisch und teilweise offenherzig gekleidete junge Frauen neben verschleierten muslimischen Frauen. Die einen tragen schwarze schlichte Schleier, tief in die Stirn gezogen, die anderen modische pastellfarbige Varianten um hübsche, geschminkte Gesichter.

In der Altstadt ist die Küche eher international, oft französisch. Ich vermisse das Arabische. Aber dann finden wir auch hier die berühmten Mezze.

Zum Abschluss des Tages fahren wir mit dem Auto zum Hafen und am Meer entlang. Entfernt erinnert die »Corniche« an die gleichnamige Uferpromenade in Cannes. Nicht so glitzernd und elegant, dafür riesige Leuchtreklamen. Die Fahrt geht stockend, halb Beirut ist unterwegs. Die warme Luft ist benzindurchtränkt. Vom nahen Meer dringt keine Brise durch.

Oben: Eine betörend duftende Tee-Mischung aus zitronigen Verbenenblättern und Rosenknospen mit Wurzelstückchen und Kräutern, die ich noch nie gesehen habe.

Unten: Vor dem kleinen, zur Straße offenen Laden stehen Säcke mit getrockneten Kräutern, Süßholz und Blüten: Hibiskus, Kamillen- und Rosenknospen. Davor schmale Holzkohlestangen, die für die Wasserpfeifen benutzt werden.

Mohamads Schwester, die 37-jährige Bousaina, geht nur im Abaya, dem typischen schwarzen Umhang, und Echarpe, dem tief ins Gesicht gezogenen Schleier, aus dem Haus. Selbst wenn sie innerhalb des Hauses die Wohnung verlässt, um die Schwiegermutter in der Etage darüber zu besuchen. Sie ist tiefgläubig und hält sich genau an die Regeln. Das hindert sie jedoch nicht daran, ihr Auto draufgängerisch wie ein Taxifahrer durch das Verkehrschaos zu bugsieren oder kleine Pannen selber zu beheben. Zu Hause trägt Bousaina Jeans und T-Shirts, die Haare sind zu einem Pferdeschwanz zusammengebunden. Sie ist eine fröhliche, aktive Frau, locker und liebevoll im Umgang mit ihren Kindern. Tradition und modernes Leben sind auch in ihrem Haushalt eng miteinander verbunden.

Bousaina lebt mit ihrem Mann und sechs Kindern zwischen 3 und 17 Jahren in einer großzügigen, typisch modern-arabisch eingerichteten 300-qm-Wohnung. Das 12-geschossige Haus lässt von außen einen solchen Luxus nicht vermuten: Marmor- und Granitböden in allen Räumen.

In den Salons sind pompöse Polsterbänke, die Platz für mehrere Großfamilien bieten, wie zu einem offiziellen Empfang entlang der Wände aneinander gereiht.

Auf dem Dach lockt ein Penthouse-Garten: kleine Teiche, ein buntes Glasdach, ein luftiger Pavillon. Üppige Pflanzen und berankte Bögen. Ein Hauch von 1001 Nacht ist dort spürbar. Doch das teure Dachgartenidyll kann den tosenden, nach oben dringenden Straßenlärm nicht vertreiben.

Das Essen wird am großen Tisch in einer riesigen Küche serviert. Es gibt Linsensuppe mit Hackfleisch und geschmorte Fleischstücke, die mit Fladenbrotstückchen aufgenommen und aus der Hand gegessen werden. Dazu wird Salat aus Gurken, Tomaten, Frühlingszwiebeln und viel frischer Minze gereicht. Im Salon gibt es süßen Minztee und noch süßeren Kuchen, in Fett ausgebacken und mit Zuckersirup durchtränkt, so wie man es hier besonders liebt.

Mohamad und Bousaina wollen mir ihr Land zeigen: die Spuren der Völker, die hier vor Tausenden von Jahren gelebt haben, die Spuren des Krieges, der kaum 15 Jahre zurückliegt. Und vor allem die Menschen, wie sie heute leben und essen.

Bousaina chauffiert uns mit bewundernswerter Gelassenheit und Geschicklichkeit durch den Beiruter Verkehr.

Es gibt kaum Ampeln. Und wenn, stehen sie dauerhaft auf Gelb. Die seltenen roten Ampeln werden grundsätzlich ignoriert. Dreispuriger Verkehr quält sich in beide Richtungen. An den Kreuzungen schiebt sich alles irgendwie durcheinander. Wer geschickt ist, nutzt den »Windschatten« eines anderen Wagens aus. Endloses Gehupe. Linksabbieger, Rechtsabbieger, Mopeds in Gegenrichtung, Wendemanöver – alles findet gleichzeitig statt. Ich gebe auf, mir Sorgen zu machen, und vertraue dem Geschick der Fahrerin. Alles ist im Fluss und funktioniert irgendwie. Auf unserer einwöchigen Erkundungsfahrt durch das Land werde ich keinen einzigen Unfall sehen.

Oben links: Egal, wie klein und bescheiden ein Laden ist, die Früchte des Landes werden immer liebevoll und dekorativ arrangiert. Selbst auf einem winzigen Karren oder auf einer Plastikkiste wird orientalische Üppigkeit signalisiert.

Mitte links: »Coffee to go« der besonderen Art: An der Uferstraße hat ein Mokkaverkäufer seinen mobilen Coffee-Shop aufgebaut. Überall an der »Corniche« und auf den großen Plätzen wird arabischer Mokka angeboten: klein, stark, schwarz und süß.

Rechts: Auch hier: Üppigkeit und scheinbarer Überfluss, auch wenn es keine Luxusprodukte sind. Dafür gibt es Knoblauch, Zwiebeln und Kartoffeln in allen Formen und Größen: Länglich, tropfenförmig oder kugelrund.

Unten: In den vielen kleinen Gemüseläden gibt es verschiedenfarbige frische und getrocknete Datteln, Guaven, Zwerg-Avocados und knubbelige grüne Früchte, die innen weißlich sind und süß schmecken.

In einer Bäckerei, die wir entdecken, gibt es verschiedene pikante und süße Kleinigkeiten. Ich wähle einige aus und bekomme sie vom Besitzer als Geschenk. Wieder ein Zeichen der libanesischen Gastfreundschaft. So wie wir es unterwegs bei einer Tante erleben, die uns spontan ein frisches Sorbet zubereitet:

eisgekühlte Honigmelone, püriert mit Zucker, Rosenwasser und fein gehackten Walnüssen.

Als ich mich dafür bedanke, kommt die schlichte und herzliche Antwort »You are my sister«. Viele Libanesen sprechen ein gutes Englisch, die Kinder lernen es von klein auf in der Schule. Bereits 3-Jährige fangen mit dem Unterricht an. Und öfter höre ich ein fröhliches »Tschüß!«. Viele Libanesen haben längere Zeit in Deutschland gelebt und schwärmen von Frankfurt, Heidelberg, Bremen oder Berlin.

Bei »Goodies«, dem luxuriösesten Feinschmeckertempel Beiruts, sind Berge von frischen Früchten kunstvoll aufgetürmt. Ein unglaubliches Angebot an Konfekt, kandierten Früchten und feinster Confiserie. Für Hiesige kaum erschwinglich. Nur eine Straßenecke weiter entdecken wir einen bescheideneren Obststand. Auf seine Weise hat der Besitzer seine Ware ähnlich kunstvoll aufgebaut: auf knallgrünen Plastikkisten und ausgebreiteten Zeitungen von gestern.

Zum Lunch geht es in ein kleines Imbisslokal mit Blick auf das Meer. Der erste Eindruck dämpft meine Erwartungen. Doch die frischen Zutaten ermuntern mich, Vertrauen zu fassen.

Das Essen ist köstlich: gebratene Brotstückchen werden mit Joghurt übergossen, darauf kommen Kichererbsen und Olivenöl mit gerösteten Pinienkernen.

Dazu: Radieschen, Gurken, Zwiebelringe und ein ganzes Bündel frische Minze.

Anschließend ein Spaziergang am Meer. Der Felsen unterhalb von Beirut bildet wunderschöne Formationen: Höhlen und vorgelagerte Felsen, vom Wasser abgeschliffen und mit vielen Gesteinsschichten. Wenn man hochblickt zur Stadt, überwiegen Neubauten oder restaurierte Gebäude. Im Krieg war hier fast alles zerstört.

Abends sind wir im »Sahat Ein Al-day'a«. Es liegt auf dem Weg zwischen Innenstadt und Flughafen. Direkt an der Straße eine große Tankstelle, dahinter eine Art Palast. Ich frage, wie man ausgerechnet vor einen Palast eine Tankstelle platzieren kann. Mohamad erklärt, dass die Betreiber mit den Gewinnen aus Tankstelle und Restaurant die Waisenkinder Beiruts unterstützen. Viele Menschen tanken absichtlich hier, um das Projekt zu fördern. Der Innenhof des Palasts ist als Freiluft-Restaurant ausgebaut. Die umlaufenden Gebäude sind Wirtschaftsräume und Boutiquen. Die ganze Anlage ist detailgenau nach alten Vorbildern errichtet, die Materialien sind echt, dennoch bleibt ein Gefühl von Disneyland.

Oben: Die mediterrane Sonne sorgt dafür, dass die getrockneten Aprikosen, Datteln und Feigen von Natur aus so süß sind, dass sie ohne Zucker auskommen. Füllungen aus blanchierten Mandeln, Walnüssen oder Pistazienkernen verwandeln sie in gesunde Leckerbissen.

Mitte links: Hier sind geröstete Haselnusskerne von einer geleeartigen Zuckermasse umgeben, zu Rollen geformt und in Puderzucker gewälzt. Diese Köstlichkeit wird scheibchenweise zu Kardamomkaffee serviert.

Mitte rechts: Alle lästigen Stacheln sind entfernt, und man kann sich unbesorgt dem süßen Fruchtgenuss widmen: kandierte Kaktusfeigen sind nur eine von unzähligen süßen Frucht-Spezialitäten.

Unten: Bei »Gooodies« wird nichts dem Zufall überlassen: Ein Mitarbeiter ist ständig damit beschäftigt, Fruchtpyramiden aufzurichten und die ganze fruchtige Vielfalt regelmäßig mit kühlem Wasser zu besprenkeln.

Im alten Phönizierhafen von Sidon steht eine Wasserburg der Kreuzritter, einst in aller Eile für die Ankunft von Kaiser Friedrich II. im Heiligen Land gebaut. Über einen schmalen Damm gelangt man dahin.

Von der Wasserburg blickt man auf den heutigen Hafen, mit einem emsigen Durcheinander von modernen Containern und Kränen, bunten Ausflugsbooten und altmodischen hölzernen Schiffen.

Wir fahren in den Süden des Landes, nach Sidon. Unzählige Wege führen durch buntes Basargetümmel der Altstadt. Die Händler preisen lautstark ihre Waren an: köstlich frisches Gemüse, ofenwarme Brote und Berge von Kräutern. Hühner, Tauben und Perlhühner sitzen in winzigen Käfigen. Mohamad erzählt, dass sich jeder Geflügelhändler einen Hahn hält, der nie geschlachtet wird. Als Glücksbringer für gute Geschäfte. Angesichts der engen Käfige frage ich mich, ob der ausgesuchte Hahn besonders glücklich ist über sein verlängertes Leben.

Der Basar ist überdacht. Dunkle Gänge schlängeln sich hindurch, öffnen sich ins Helle, und beim nächsten Schritt versinkt alles wieder im Schatten. Es gibt Gänge, die bestimmten Zünften vorbehalten sind: den Schustern, Matratzenmachern, Korb- und Stuhlflechtern. Man bekommt eine leise Ahnung, wie es früher hier war. Doch Stände mit Jeans, T-Shirts und Strumpfhosen bringen rasch die Gegenwart zurück.

Manche Händler lassen sich, wenn man sie höflich fragt, gerne fotografieren. Viele aber sind scheu, andere lehnen es unwirsch ab. Abu Rami, landesweit berühmt für seine Falafel, posiert gerne mit dem eingelegten, Rote-Bete-gefärbtem Gemüse in der Auslage seines Geschäftes. Der junge Mann gegenüber, der Qataif bäckt, möchte dagegen nicht aufs Bild. Er sei nicht rasiert. Seine Qataif darf ich aber fotografieren: runde Fladen, weder gesalzen noch gesüßt, nur mit Rosenwasser aromatisiert. Mohamad erklärt, wie man sie verwendet. Sie werden nur auf einer Seite gebacken, die klebrige Seite wird mit einer Walnuss- oder Frischkäsemischung bestrichen. Dann werden die Fladen zusammengeklappt und frittiert, danach sofort abgetropft und mit Zuckerlösung bestrichen.

Oben: Eine Art arabisches Convenience Food: Diese Qataif genannten Fladen werden zunächst einseitig gebacken. Zu Hause kann man sie nach eigenem Geschmack füllen und fertig backen.

Unten: Nicht alle lassen sich gerne fotografieren. Doch diese drei kleinen Jungen finden es einfach nur lustig und kreischen vor Vergnügen über ihr schnelles digitales Abbild auf dem Kamera-Display.

Wir fahren weiter Richtung Tyrus, das in alten Zeiten erbitterter wirtschaftlicher Konkurrent von Sidon war. Auf dem Weg dahin kommt karibische Stimmung auf: so weit man blicken kann, Bananenplantagen! Geschmacklich sind sie ähnlich wie die kanarischen Bananen. Überhaupt ist man im Libanon sehr experimentierfreudig, was das Züchten fremder Obst- und Gemüsesorten betrifft. Sogar den urtypisch deutschen Weißkohl gibt es, nur flacher und weniger fest.

In Tyros betreten wir die spätrömisch-byzantinische Gräberstraße.

Es ist ein merkwürdiges Gefühl, auf diesen alten Steinplatten zu gehen. Geschichtsträchtig, sagt man wohl in einem solchen Moment. Unwillkürlich überlege ich mir, wie die Menschen damals gedacht, gefühlt, gelebt haben. Links und rechts vom Weg stehen tonnenschwere Sarkophage, teilweise recht unordentlich durcheinander. Manche erlauben durch einen Spalt einen Blick ins Innere. Mal erspähen wir Plastikmüll, dann sogar echte Knochen. Am Ende der Straße gelangt man zum einstigen Hippodrom – eine Arena von gigantischen Ausmaßen. Ein Stück der alten steilen Steintribüne ist wieder errichtet worden. Man bekommt eine Vorstellung von dem Ganzen.

Weiter in den Bergen liegt Beaufort Castle, eine Kreuzritterburg, die seinerzeit den Nordteil des Königreiches Jerusalem schützte. Neben mittelalterlichen Burgmauern liegen Reste aus dem Krieg mit Israel: schwere Betonklötze, klobige Wehrhäuser. Die damals zerstörten Dörfer der Umgebung sind zum Teil neu errichtet. Die Häuser sind großzügig gebaut, im typisch libanesischen Stil mit Sandsteinfassaden, bogenförmigen Fenstern und geschwungenen Balkonen zu mehreren Seiten. Spitze Dächer mit hellroten Ziegeln oder flache Dächer mit den beliebten Dachpavillons und weinlaubberankten Sitzplätzen. Die Reste der zerstörten Häuser liegen ringsherum.

Das Dorf der 58-jährigen Zainab liegt direkt an der Grenze nach Israel. Von dem Dach ihres Hauses sieht man den Stacheldrahtzaun und die Siedlung dahinter. Noch vor zwei Jahren galt dieses Gebiet als unsicher. Zainab ist geblieben und würde ihr Dorf nie verlassen.

Zainab bereitet Köfte in Sesamsauce, die mit Nelken gewürzt ist, zu. Wir essen alle von einem großen Teller.

Jeder nimmt sich Fleisch und Sauce mit Fladenbrot. Zainab hat dafür gesorgt, dass die Tellerseite, die zu den Gästen zeigt, besonders üppig mit Fleischstückchen bedeckt ist. Auch das ist ein Zeichen der Gastfreundschaft, der man überall begegnet. Normalerweise bekommt der Hausherr die größten Fleischstücke. Oder die Mutter. Je nachdem, wem der größte Respekt gezollt wird. So verlangt es die Tradition. Für das gemeinsame Essen von einem Teller herrschen ungeschriebene Regeln. Je nach Zahl der mitessenden Personen ist der Teller in unsichtbare Segmente geteilt. Nie käme jemand auf die Idee, sich ein Fleischstück von der Tellerkante gegenüber zu nehmen.

Links oben: In Zainabs Garten wachsen Zwiebeln und Kräuter, Trauben und Aprikosen. Auch wenn nur wenige Meter hinter der Mauer die Grenze nach Israel verläuft – ihre Heimat würde sie nie verlassen, egal, was drumherum geschieht.

Rechts oben: In den 80er Jahren entwickelte man die Idee, die begehrten Bananen nicht teuer zu importieren, sondern selber anzubauen. Und sie gedeihen gut unter Libanons Sonne. Leider verdrängen sie viele Zitrusplantagen.

Unten: Die strategisch perfekte Lage hoch auf einem Plateau, von dem man weit ins Land blicken kann, machte die Kreuzritterburg Beaufort Castle auch in jüngerer Zeit, im Krieg mit Israel, interessant.

Am nächsten Tag fahren wir nach Norden, nach Tripoli. Unterwegs gibt es typisch libanesisches Fast Food: Falafel und viel frisches Gemüse in Fladenbrot gerollt. Eine große Portion, die nicht zu schaffen ist. Der Ladeninhaber behauptet, seine Falafel seien die besten. Das sagt sicher jeder seiner Kollegen. Aber seine schmecken richtig lecker.

In Tripoli findet man keine Kriegsschäden wie in Beirut, aber ähnlich viele Kontraste. Es herrscht ein ständiger Wechsel von Arm und Reich. Im Basar ist die Stimmung so, wie ich mir den Orient vorgestellt habe. Ein Rausch von Farben und Vielfalt. Unzählige Gerüche, nicht alle angenehm. Darüber schwebt immer ein unverkennbarer Rosenduft. Das allgegenwärtige Rosenwasser wird im Land hergestellt.

Damaszenerrosen werden entlang der Küste gezüchtet und zu Rosenöl und Rosenwasser verarbeitet.

Am späten Nachmittag herrscht großes Gedränge in den engen Basargassen. Man kauft für das Abendessen ein. In den Schlachterläden hängen ganze Tierhälften oder die Reste davon. Es wird jeweils das Stück herausgeschnitten, das ein Kunde gerade wünscht. Ein Stück Fleisch wird von einem Angestellten in Windeseile zu Hackfleisch zerschnitten: mit zwei kurzen scharfen Messern, die er wie die Blätter einer Schere gegeneinander bewegt und dabei durch das Fleisch zieht.

Am anderen Tag starten wir früh in Richtung Baalbeck. Es geht hoch in das Libanongebirge, wo es deutlich kühler wird. Im Winter liegen hier mehrere Meter Schnee. Unterwegs stärken wir uns mit einem kräftigen Mokka in einer arabischen »Boulangerie«. Wir essen kurkumagelbes Gebäck, das kräftig mit Anis gewürzt ist. Früher wurde dieses »Ka'k-Al'Aid« nur zu besonderen Anlässen gebacken. Dazu gibt es wundervoll süße Trauben, direkt von hier, aus der fruchtbaren Beqaa-Ebene. Diese Stärkung ist nötig, denn: Baalbeck ist überwältigend. Wir betreten die größte Tempelanlage der Welt! Über 20 Meter hohe Säulen, etwa dreimal so hoch wie die der Akropolis. Es hat sich gelohnt, so früh aufzustehen, bevor die Touristen in Scharen anreisen. Der Tempel kann ungestört wirken.

Der Abschied rückt näher. Nayfa bereitet für mich libanesische Pizzen zu. Sie haben einen Durchmesser von 12–15 Zentimetern, werden unterschiedlich belegt und dann auf die Hälfte zusammengeklappt. Ich bekomme drei verschiedene Sorten: mit Olivenöl bestrichen und mit Za'tar, einer Mischung aus Sesam, Oregano und Sumach, bestreut – der libanesische Klassiker. Eine zweite Sorte mit gewürztem Hackfleisch und eine dritte mit würzigem Käse. Diese Manaqisch genannten Pizzen sind für die Libanesen so wichtig wie die Pasta für die Italiener. Man isst sie – sofern nicht Ramadan ist – fast täglich, oft schon am Morgen zum Tee. Dazu gibt es Quark, Käse und Oliven. Ein anderes typisches Frühstück ist Hummus oder Ful, ein warmes Bohnengericht.

Wir fahren zurück. Ich bin übervoll mit Eindrücken aus einem Land der Kontraste – geografisch, historisch, kulturell. Auf kleinster Fläche leben Menschen unterschiedlicher Religionen. Arme und Reiche. Ein Land voller Geschichte, mit Menschen voller Herzlichkeit und großer Gastfreundschaft. In ihren Mezze findet sich alles wieder: Tradition, Genuss und Lebensfreude.

Links oben: In einem Gewölbe im Basar von Tripoli wird »Mughrabieh« vorbereitet: Erbsengroße Teigkugeln werden in Salzwasser gekocht und mit gekochten weißen Zwiebeln, Hummus und Hühnerbrühe serviert.

Rechts oben: Einen Basarbesuch kann man nicht planen. Man erlebt diese bunte andere Welt am besten, indem man sich durch die engen Gassen treiben lässt und Farben, Geräusche und Gerüche in sich aufnimmt.

Unten: Vielleicht hat Aladin hier für seine 40 Nichten und Neffen eingekauft. Solche prachtvoll bestickten bunten Gewänder werden auch heute noch zu festlichen Anlässen getragen. Die Kopfbedeckungen sind nicht mehr gebräuchlich, werden aber für die Touristen immer noch hergestellt.

MEZZE TRADITIONELL

PUR UND UNVERFÄLSCHT WIE EIN SOMMER-PICKNICK IM OLIVENHAIN

DIE REZEPTE

MEZZE TRADITIONELL

Traditionelle Mezze, wie man sie seit Generationen genießt, sind Ausdruck der sprichwörtlichen orientalischen Gastfreundschaft, egal, ob die Mahlzeit aus einer Hand voll Oliven, etwas Käse und Fladenbrot oder aus einer Vielzahl kleiner Köstlichkeiten besteht. Schon ihr Anblick lässt uns gedanklich in die Levante reisen, wo sich Mediterranes und Orientalisches berühren und verbinden.

Tabuleh

PETERSILIENSALAT

Im Bild Seite 31 rechts oben

60 g feiner Bulgur

3–4 aromatische Tomaten (ca. 400 g)

1 Romanasalatherz

2 große Bund glatte Petersilie

2 Stängel Minze

1 Bund Frühlingszwiebeln

2 unbehandelte Zitronen

4 EL Olivenöl

Salz | 1/2 TL getrocknete Minze

Zubereitungszeit: 30 Min.
Pro Portion ca. 170 kcal

1 | Bulgur 10–15 Min. in reichlich kaltem Wasser einweichen. In ein Sieb abgießen, abtropfen lassen und mit einem Löffel so viel Wasser wie möglich herauspressen.

2 | Tomaten kurz überbrühen, häuten, entkernen und klein würfeln. 2 EL Tomatenwürfel beiseite stellen. Den Salat in einzelne Blätter teilen, waschen und trockenschleudern. Petersilie und Minze abspülen und grob schneiden (s. Seite 146). Frühlingszwiebeln waschen, putzen und fein hacken.

3 | Zitronen heiß abwaschen, halbieren. Aus der Mitte 4 dünne Scheiben schneiden und halbieren. Von dem Rest 2–3 Schalenstreifen dünn abschälen und fein hacken, den Saft auspressen.

4 | 3–4 EL Zitronensaft mit Öl und 1/2 TL Salz verrühren. Die getrocknete Minze fein zerreiben und dazugeben. Mit Bulgur, Tomatenwürfeln, Kräutern und Frühlingszwiebeln mischen und mit Salz abschmecken.

5 | Den Petersiliensalat in den Salat-»Schiffchen« anrichten, mit Zitronenscheiben und übrigen Tomatenwürfeln dekorieren.

Falafel

KICHERERBSENBÄLLCHEN

Im Bild Seite 30 unten

250 g getrocknete Kichererbsen

1 kleine Zwiebel | 1–2 Knoblauchzehen

1/2 Bund Koriandergrün

3 Stängel glatte Petersilie

1/2 TL Koriandersamen | 1/2 TL Cuminsamen

3 Pimentkörner | 1/4 TL Zimtpulver

Salz | frisch gemahlener schwarzer Pfeffer

3 EL Sesamsaat | neutrales Öl zum Frittieren

dazu: Sesamsauce (s. Seite 150)

Zubereitungszeit: 40 Min.
Einweichzeit: 8 Std.
Pro Portion ca. 305 kcal

1 | Kichererbsen 8 Std. einweichen. Danach die Kichererbsen leicht zwischen den Fingern reiben, damit sich die Häutchen lösen. Häutchen entfernen. Kichererbsen abgießen.

2 | Zwiebel und Knoblauch schälen, grob hacken. Koriander und Petersilie abspülen, trockenschütteln, die Blättchen abzupfen. Koriander- und Cuminsamen mit Piment rösten, bis sie duften. Abkühlen und mahlen oder im Mörser zerkleinern.

3 | Kichererbsen mit Zwiebel, Knoblauch und Kräutern pürieren. Gewürze untermischen, mit Salz und Pfeffer abschmecken.

4 | Teig in 4 Portionen teilen, aus jeder Portion 2 (oder 4 kleinere) Bällchen formen, in Sesam wälzen. Öl erhitzen, bis an einem hineingehaltenen Holzstäbchen Bläschen aufsteigen. Bällchen darin portionsweise in 2–3 Min. frittieren. Auf Küchenpapier entfetten. Mit Sesamsauce (s. Seite 150) anrichten.

Tipp

Sie können die einzelnen Gewürze durch 2 TL Falafelgewürzmischung (s. Seite 149) ersetzen.

Mutabbal

Auberginenpüree mit Tahina

Im Bild Seite 31 Mitte

2 Auberginen (à 400 g)

1 Knoblauchzehe

Salz | 60 g Tahina

125 g Naturjoghurt

3 EL Zitronensaft

frisch gemahlener schwarzer Pfeffer

1 Bund glatte Petersilie

30 g schwarze Oliven ohne Stein

1 EL Olivenöl | 1 TL gemahlener Cumin

Backpapier für das Blech

Zubereitungszeit: 45 Min.
Grillzeit: ca. 30 Min.
Pro Portion ca. 175 kcal

1 | Ofen auf 250° (Umluft 220°) vorheizen. Auberginen waschen, trocknen und putzen. Auberginen längs halbieren, mit der Schnittfläche auf ein Blech mit Backpapier legen und auf der Hautseite mehrfach einstechen. In den Ofen (oben) schieben und die Grillfunktion zuschalten. Die Auberginen 20–30 Min. grillen, bis sie weich sind. Herausnehmen und abkühlen lassen.

2 | Knoblauch schälen, mit 1 TL Salz im Mörser zerdrücken. Das Fruchtfleisch mit einem Löffel aus den Auberginen lösen, in ein Sieb geben und möglichst viel Flüssigkeit herauspressen. Die Hälfte des Fruchtfleischs hacken, den Rest mit Tahina, Joghurt, Zitronensaft und Knoblauch pürieren. Die gehackte Aubergine untermischen und alles mit Salz und Pfeffer abschmecken. Petersilie waschen und trockenschütteln. Blättchen grob schneiden (s. Seite 146). Oliven in Scheibchen schneiden.

3 | Eine flache Mulde in das Püree drücken, mit Olivenöl beträufeln und mit Cumin bestäuben. Außen einen Ring aus Petersilie streuen, in der Mitte die Oliven verteilen.

Nussige Variante mit Walnüssen

Ersetzen Sie den Zitronensaft durch Granatapfelsirup und verwenden Sie anstelle von Tahina fein gemahlene Walnüsse. Falls nötig, 1 weiteren EL Olivenöl zugeben. Zum Garnieren grob gehackte Walnüsse statt Oliven darüber streuen.

Hummus

Kichererbsenpüree

Im Bild Seite 30 rechts unten

250 g getrocknete Kichererbsen

2 Knoblauchzehen | 3 EL Olivenöl

75 g Tahina | 4 EL Zitronensaft

Salz | 2 EL Sesamsaat

Zubereitungszeit: 20 Min.
Einweichzeit: 8 Std.
Kochzeit: ca. 2 Std.
Pro Portion ca. 400 kcal

1 | Die Kichererbsen 8 Std. in reichlich kaltem Wasser einweichen. Danach die Kichererbsen nach Belieben leicht zwischen den Fingern reiben, damit sich die Häutchen lösen. Die Häutchen entfernen.

2 | Den Knoblauch schälen, fein hacken und bei mittlerer Hitze in 1 EL Öl anschwitzen. Kichererbsen mit Einweichflüssigkeit zugeben und aufkochen. Bei niedriger Temperatur zugedeckt 1 1/2–2 Std. köcheln lassen. Wenn die Kichererbsen weich sind, abgießen und dabei ca. 150 ml Flüssigkeit auffangen. Die Kichererbsen abkühlen lassen.

3 | Kichererbsen mit Tahina pürieren, den Zitronensaft und etwa 150 ml Kochflüssigkeit zugeben. Das Hummus mit Salz abschmecken. Sesam in einer Pfanne ohne Fett rösten, bis er duftet. Abkühlen lassen. Das Püree mit dem restlichen Öl beträufeln und mit Sesam bestreut servieren.

Gehaltvolle Variante

150 g Lammhackfleisch in 1 EL Olivenöl scharf anbraten, bis es braun und krümelig ist. Mit Salz, Pfeffer, Zimtpulver und Cayennepfeffer oder Baharat (s. Seite 148) würzen. Über das Hummus streuen. Mit gerösteten Pinienkernen und gehackter Petersilie anrichten.

Tipp

Wenn Sie beim Pürieren weniger Flüssigkeit zufügen, wird die Masse fester und lässt sich mit einem Spritzbeutel dekorativ auf Gurkentaler, knapp gegarte Möhrenscheiben oder in ausgehöhlte Kirschtomaten spritzen. Besonders hübsch: Garnieren Sie diese Kleinigkeiten mit je 1 Olive.

Gefüllte Kibbeh

Für den Teig:

50 g feiner Bulgur

150 g Lammfleisch aus der Keule

1 Zwiebel

1/2 rote Chilischote

1/2 Bund Basilikum | Salz

Für die Füllung:

1/2 Granatapfel | 2 EL Pinienkerne

1 kleines Lorbeerblatt

2 EL Butterschmalz

1/4 TL gemahlener Kardamom

80 g Lammhackfleisch

2 TL Falafelgewürzmischung (s. Seite 149)

1 EL Pistazienkerne | Salz

Außerdem:

neutrales Öl zum Frittieren

Zubereitungszeit: 1 Std. 10 Min.
Pro Portion ca. 400 kcal

1 | Bulgur mit ca. 60 ml kaltem Wasser bedecken und ca. 10 Min. quellen lassen, bis das Wasser aufgesogen ist. Fleisch grob würfeln. Zwiebel schälen und fein hacken. Chilischote waschen, putzen und fein hacken. Basilikum waschen, trockenschütteln, die Blättchen hacken.

2 | Den Bulgur mit dem Fleisch zweimal durch die feine Scheibe des Fleischwolfs drehen oder im Mixer fein zerkleinern. Chili, Basilikum und die Hälfte der Zwiebel untermischen. Salzen und alles gründlich verkneten.

3 | Für die Füllung die Kerne aus dem Granatapfel lösen (s. Seite 146). Pinienkerne in einer trockenen Pfanne goldgelb rösten. Die restlichen Zwiebelwürfel mit dem Lorbeerblatt im Butterschmalz bei niedriger Hitze glasig dünsten. Mit Kardamom würzen und abkühlen lassen. Das Lorbeerblatt entfernen.

4 | Die Zwiebel mit dem Hackfleisch, dem Falafelgewürz, 1 EL Granatapfelkerne, 1 EL Pistazien und den Pinienkernen vermischen und salzen.

5 | Den Bulgurteig in 8 Portionen teilen und mit nassen Händen zu Kugeln formen. In jede mit dem Finger eine Vertiefung drücken und etwas Füllung hineingeben. Kibbeh gut verschließen und beidseitig spitz zulaufend ausformen.

6 | Die Fritteuse auf 170° vorheizen oder das Öl in einem Topf erhitzen, bis an einem hineingehaltenen Holzstäbchen kleine Bläschen aufsteigen. Die Kibbeh portionsweise im heißen Öl ca. 4 Min. frittieren. Auf Küchenpapier entfetten. Mit einem scharfen Messer halbieren und mit den restlichen Granatapfel- und Pinienkernen bestreuen.

Tipp

Kibbeh sind aufwändig in der Zubereitung, lassen sich aber gut einfrieren. Stellen Sie daher am besten gleich die doppelte Menge her, dann sparen Sie sich beim nächsten Mal Zeit und Arbeit!

Im Bild vorne: Ful mit Zitrone und Harissa; hinten: Fattusch

Fattusch

BROTSALAT

1 Knoblauchzehe

6 EL Olivenöl

2 dünne arabische Fladenbrote

2 kleine Salatgurken (ca. 250 g)

300 g Kirschtomaten

1 rote Paprikaschote

1/2 Bund Frühlingszwiebeln

1 Bund glatte Petersilie

2 Stängel frische Minze

4 EL Zitronensaft

Salz | frisch gemahlener schwarzer Pfeffer

1/4 TL gemahlener Cumin

Zubereitungszeit: 40 Min.
Pro Portion ca. 445 kcal

1 | Den Backofen auf 200° (Umluft 180°) vorheizen. Knoblauch schälen, durch die Presse drücken und mit 2 EL Olivenöl mischen. Fladenbrote damit einpinseln und im Backofen (Mitte) 5–10 Min. backen, bis sie hellbraun und knusprig sind. Die Fladenbrote abkühlen lassen und in kleine Stücke brechen.

2 | Das Gemüse waschen. Gurken putzen, längs vierteln und in Stücke schneiden. Die Kirschtomaten halbieren. Die Paprikaschote halbieren, putzen und in kleine Würfel schneiden. Frühlingszwiebeln putzen, das Weiße hacken, das Grüne in feine Ringe schneiden. Petersilie und Minze abspülen, trockenschütteln, die Blättchen grob schneiden (s. Seite 146).

3 | Den Zitronensaft mit Salz, Pfeffer, Cumin und dem restlichen Olivenöl verrühren. Das Gemüse gut mit dem Dressing mischen. Vor dem Servieren die Brotstückchen unterheben.

Tipp

Wenn der Salat sofort gegessen wird, können Sie das Fladenbrot auch gleich in Stückchen brechen und in einer Pfanne knusprig braten.

Ful mit Zitrone und Harissa

200 g getrocknete Wachtelbohnen

1 TL gemahlener Cumin | Salz

2 Zitronen | 5 EL Olivenöl

2 TL Harissa | 1 Knoblauchzehe

1 Bund Koriandergrün

Zubereitungszeit: 25 Min.
Kochzeit: 2 Std.
Ruhezeit: 2 Std.
Pro Portion ca. 255 kcal

1 | Bohnen waschen, abtropfen lassen, mit 1 l kaltem Wasser und dem Cumin in einen Topf geben und aufkochen. Hitze reduzieren und die Bohnen 1 Std. sanft köcheln lassen. Danach die Bohnen 1 Std. quellen lassen. Erneut aufkochen und nochmals bei geringer Hitze 1 Std. köcheln lassen, bis die Bohnen weich sind, aber nicht zerfallen. Abgießen, dabei etwas Kochwasser auffangen. Bohnen abtropfen lassen und erst jetzt salzen.

2 | Den Saft von 1 Zitrone auspressen. 4 El Zitronensaft mit Olivenöl, nach Geschmack 1–2 TL Harissa und etwas Salz verrühren. Knoblauch schälen und dazupressen. 3–4 EL Kochflüssigkeit zugeben. Sauce über die Bohnen geben, alles 1–2 Std. durchziehen lassen und ab und zu durchrühren.

3 | Koriander abspülen, trockenschütteln, die Blättchen abzupfen. Einige ganz lassen, den Rest hacken. Die zweite Zitrone längs achteln. Ful mit gehacktem Koriander mischen, mit Korianderblättchen bestreuen, mit Zitronenachteln anrichten.

Tipp

Wenn Sie die Bohnen über Nacht einweichen, verkürzt sich die Kochzeit auf ca. 1 Std., je nach Sorte und Alter der Bohnen auch mehr oder weniger. Am besten probieren Sie nach ca. 30 Min. immer wieder, ob sie schon weich sind.

Pikante Varianten mit Kapern und Frühlingszwiebeln

100 g Feta zerbröckeln und mit 2 EL abgetropften Kapern über die Bohnen streuen. Oder Knoblauch und Koriander weglassen, dafür 1 Bund Frühlingszwiebeln waschen und putzen. Das Weiße fein hacken und unter die Bohnen mischen, das Grüne in feine Ringe schneiden und darüber streuen.

Im Bild vorne: Muhammara;
hinten: Olivensalat mit Schafkäse

Muhammara

PIKANTE WALNUSSPASTE

3–4 rote Paprikaschoten (ca. 600 g)

1 rote Chilischote | 1–2 Knoblauchzehen

1 kleine Zwiebel | 3 Scheiben Zwieback

100 g Walnusskerne

2 EL Granatapfelsirup

1 EL Zitronensaft | 1 TL gemahlener Cumin

2 TL edelsüßes Paprikapulver

1 TL Salz | frisch gemahlener schwarzer Pfeffer

3–4 EL Olivenöl | 1 Bund Koriandergrün

Backpapier für das Blech

Zubereitungszeit: 1 Std.
Ruhezeit: ca. 4 Std.
Pro Portion ca. 320 kcal

1 | Backofen auf 220° (Umluft 200°) vorheizen. Paprikaschoten waschen, putzen, vierteln und mit der Schnittfläche nach unten auf ein Blech mit Backpapier legen. In den Backofen (oben) schieben, Grillfunktion zuschalten und die Paprikaviertel 15–20 Min. grillen, bis die Haut dunkel ist und Blasen wirft. Herausnehmen, mit einem feuchten Tuch abdecken, 10 Min. abkühlen lassen. Danach die Haut abziehen.

2 | Chilischote waschen, längs aufschlitzen, von Stielansatz, Trennwänden und Kernen befreien und fein hacken. Knoblauch und Zwiebel schälen und fein hacken. Zwieback in Stücke brechen. Die Walnusskerne in einer trockenen Pfanne anrösten. Einige Kerne beiseite legen, den Rest grob hacken.

3 | Zwieback, Knoblauch, Zwiebel, Chili und Walnüsse mit Granatapfelsirup, Zitronensaft, Cumin, Paprikapulver, Salz und Pfeffer im Mixer zerkleinern. Paprikaviertel zugeben. Bei laufendem Mixer nach und nach ca. 3 EL Olivenöl zugeben, bis eine sämige Paste entsteht. 3–4 Std. kühl stellen, damit sich die Aromen entfalten können.

4 | Inzwischen das Koriandergrün abspülen, trockenschütteln und die Blättchen abzupfen. Einige Blättchen ganz lassen, den Rest fein hacken. Vor dem Servieren den gehackten Koriander unter die Walnusspaste mischen. Muhammara mit etwas Olivenöl beträufeln, mit den übrigen Walnusskernen und Korianderblättchen dekorieren.

Olivensalat mit Schafkäse

1 kleine Möhre

1 kleines Stück Knollensellerie (ca. 60 g)

1 kleine Porreestange

1 Knoblauchzehe

100 g Schafkäse (Feta)

150 g grüne Oliven ohne Stein

50 g schwarze Oliven ohne Stein

1/2 Bund Thymian

1/2 Bund Basilikum

2 EL Pinienkerne

2 EL Olivenöl

1 EL Zitronensaft

1/2 TL Harissa

frisch gemahlener schwarzer Pfeffer

Zubereitungszeit: 35 Min.
Pro Portion ca. 255 kcal

1 | Möhre und Sellerie schälen, putzen und sehr fein würfeln. Porree gründlich waschen, putzen und nur das Weiße fein hacken. Knoblauch schälen und fein hacken. Feta klein würfeln. Je 2 EL von den Gemüsewürfelchen mit Knoblauch, Feta und Oliven mischen. Den Rest des Gemüses anderweitig verwenden.

2 | Thymian und Basilikum abspülen, trockenschütteln und Blättchen abzupfen. Ein paar Basilikumblättchen ganz lassen, den Rest mit dem Thymian fein hacken. Pinienkerne in einer Pfanne ohne Fett goldgelb rösten.

3 | Olivenöl, Zitronensaft, Harissa und Pfeffer zu einer Sauce rühren und mit den Kräutern zum Salat geben. Mit Pinienkernen und ganzen Basilikumblättchen bestreuen.

Gefüllte Weinblätter

1 EL Rosinen | 1 EL Mandelstifte

1/2 Bund glatte Petersilie

1 unbehandelte Zitrone

1 Schalotte | 1 Knoblauchzehe

3 EL Olivenöl

1 EL Rundkornreis, z. B. Risottoreis oder Milchreis

1/2 TL Zimtpulver

1/2 TL gemahlener Koriander

200 ml Hühnerbrühe

1/2 TL getrocknete Minze

100 g Rinderhackfleisch | Salz

12 eingelegte Weinblätter

1 große Fleischtomate

frisch gemahlener schwarzer Pfeffer

150 g passierte Tomaten (Fertigprodukt)

2–3 Stängel Minze

Zubereitungszeit: 50 Min.
Kochzeit: 1 Std.
Pro Portion ca. 195 kcal

1 | Rosinen und Mandeln getrennt hacken. Die Petersilie waschen und trockenschütteln, die Blättchen abzupfen und fein hacken. Zitrone heiß abwaschen, trocknen, ca. die Hälfte der Schale abreiben, den Saft auspressen.

2 | Schalotte und Knoblauch schälen und fein hacken, in 1 EL Öl 2 Min. andünsten. Reis, Rosinen, Zimt, Koriander, Zitronenschale und 4 EL Brühe zugeben.

3 | Die getrocknete Minze zwischen den Fingern fein zerreiben und ebenfalls zufügen. Alles unter Rühren 4–5 Min. köcheln lassen, bis die Flüssigkeit verdampft ist. Abkühlen lassen, mit Hackfleisch, Petersilie und Mandeln mischen und mit Salz abschmecken.

4 | Weinblätter ca. 5 Min. in kaltes Wasser legen. Abtropfen lassen und etwas ausdrücken. Die Stiele wegschneiden. Die Tomate waschen und in Scheiben schneiden, dabei den Stielansatz entfernen. Einen schweren Topf mit 1 EL Olivenöl auspinseln, mit Tomatenscheiben auslegen. Salzen und pfeffern.

5 | Auf jedes Weinblatt etwas Füllung setzen. Von der breiten Seite her aufrollen, dabei die Seiten einschlagen und auf diese Weise feste Päckchen formen. Die Päckchen dicht an dicht mit der Naht nach unten auf die Tomatenscheiben setzen.

6 | Passierte Tomaten mit Zitronensaft, restlichem Öl und übriger Brühe mischen und über die Weinblätter gießen. Alles mit einem flachen Teller abdecken, damit die Röllchen nicht verrutschen. Aufkochen lassen und zugedeckt bei geringer Hitze ca. 1 Std. köcheln lassen, bis die Röllchen gar sind.

7 | Die Minze abspülen und trockenschütteln. Die fertigen Röllchen damit garnieren.

Avocado-Sesam-Paste

2–3 Limetten
1–2 Knoblauchzehen
1 rote Chilischote
1/2 Bund Koriandergrün
2 reife Avocados
Salz | frisch gemahlener schwarzer Pfeffer
4 EL Tahina
1 TL gemahlener Cumin

Zubereitungszeit: 20 Min.
Pro Portion ca. 350 kcal

1 | Die Limetten auspressen (es werden ca. 6 EL Saft benötigt). Knoblauch schälen. Chilischote waschen, längs aufschlitzen, Stielansatz, Trennwände und Kerne entfernen, das Fruchtfleisch sehr fein würfeln. Koriandergrün abspülen, trockenschütteln und grob schneiden (s. Seite 146).

2 | Die Avocados halbieren und den Stein entfernen. Das Fruchtfleisch herauslösen und mit einer Gabel zerdrücken. Sofort mit 1 EL Limettensaft beträufeln, salzen und pfeffern. Den Knoblauch dazupressen.

3 | Tahina mit restlichem Limettensaft glatt rühren, nach Bedarf 1–2 EL heißes Wasser zugeben. Mit dem Avocadomus mischen, mit Cumin abschmecken, mit Chiliwürfeln und Koriandergrün bestreuen.

Lubije bel Banadura

Schneidebohnen mit Tomaten

400 g Schneidebohnen
400 g Fleischtomaten
2 kleine Zwiebeln
3 Knoblauchzehen
3 EL Olivenöl
1/2 TL Harissa
1 EL gemahlener Koriander
Salz | 1 Bund Koriandergrün

Zubereitungszeit: 45 Min.
Pro Portion ca. 110 kcal

1 | Die Bohnen waschen, putzen und schräg in ca. 8 cm große Stücke schneiden. Tomaten waschen und grob würfeln, dabei die Stielansätze herausschneiden. Zwiebeln und Knoblauch schälen und in feine Ringe bzw. Scheiben schneiden.

2 | Zwiebelringe im Öl in 4–5 Min. glasig andünsten. Knoblauch zugeben, 1–2 Min. mitdünsten. Bohnen zugeben, unter Rühren anbraten. Mit den Tomatenwürfeln ablöschen. Mit Harissa, Koriander und Salz würzen.

3 | Alles kurz aufkochen lassen, dann bei geringer Hitze zugedeckt ca. 20 Min. köcheln lassen, bis die Bohnen gar sind. Inzwischen das Koriandergrün waschen, trockenschütteln und die Blättchen hacken. Die Bohnen mit Koriandergrün bestreuen. Heiß oder kalt servieren.

Gurken-Joghurt

1 große Salatgurke

4–5 Stängel Minze

500 g griechischer Joghurt (10 %)

Salz | 1 EL Zitronensaft

1/2 TL gemahlener Cumin

1 Knoblauchzehe | 1 EL Olivenöl

Zubereitungszeit: 10 Min.
Kühlzeit: 1 Std.
Pro Portion ca. 190 kcal

1 | Gurke schälen und die Kerne mit einem Teelöffel entfernen. Das Fruchtfleisch fein würfeln, in einem Sieb abtropfen lassen. Minze waschen, trockenschütteln und die Blättchen abzupfen. Einige Blättchen beiseite legen, den Rest fein hacken.

2 | Joghurt mit Salz, Zitronensaft und Cumin verrühren. Knoblauch schälen, dazupressen und untermischen. Gurkenwürfel unterheben und 1 Std. kalt stellen. Vor dem Servieren mit Öl beträufeln und mit Minzeblättchen garnieren.

Variante: Gurkensalat mit Orangenblütenwasser

3 EL Olivenöl, 2 EL Zitronensaft, 1 EL Orangenblütenwasser, Salz, Pfeffer und 2–3 TL fein zerriebener getrockneter Minze verrühren. 50 g grüne Oliven ohne Stein hacken und mit den abgetropften Gurkenwürfeln mischen. Mit Minze garnieren.

Orangen-Zwiebel-Salat

2 große Orangen | 2 kleine Zwiebeln

60 g schwarze Oliven ohne Stein

2–3 EL Olivenöl

frisch gemahlener schwarzer Pfeffer

1/4 TL Zimtpulver

1 Msp. Cayennepfeffer

1 Msp. edelsüßes Paprikapulver

1/2 Bund Koriandergrün

Zubereitungszeit: 15 Min.
Kühlzeit: ca. 1 Std.
Pro Portion ca. 115 kcal

1 | Orangen wie einen Apfel schälen, so dass die weiße Haut vollständig entfernt wird. Die Früchte in hauchdünne Scheiben schneiden und auf einem großen flachen Teller oder in einer Schale anrichten.

2 | Zwiebeln schälen, in millimeterfeine Ringe schneiden und über den Orangenscheiben verteilen. Oliven grob hacken und darüber streuen.

3 | Den Salat mit Öl beträufeln, pfeffern und mit Zimt, Cayennepfeffer und Paprikapulver bestäuben. Abgedeckt kühl stellen und mindestens 1 Std. durchziehen lassen. Inzwischen den Koriander abspülen, trockenschütteln, die Blättchen abzupfen und nach Belieben ganz lassen oder hacken. Vor dem Servieren über den Salat streuen.

Lammwürstchen

25 g Pinienkerne

300 g Lammhackfleisch

1 TL Salz

2 EL Weißweinessig

1 TL Baharat oder Falafelgewürzmischung (s. Seiten 148 und 149)

1/2 TL getrockneter Oregano

1/2 TL Harissa

dazu: Sesamsauce (s. Seite 150) und Harissa-Sauce (s. Seite 152)

Zubereitungszeit: 35 Min.
Pro Portion ca. 350 kcal

1 | Den Backofen auf 200° (Umluft 180°) vorheizen. Die Pinienkerne in einer trockenen Pfanne goldgelb rösten.

2 | Hackfleisch mit Salz, Essig, Baharat oder Falafelgewürz, Oregano, Harissa und den Pinienkernen gut vermischen.

3 | Aus dem Teig daumendicke, ca. 10 cm lange Röllchen formen. Alufolie in Rechtecke von ca. 20 x 12 cm schneiden. Jeweils 2 Blatt übereinander legen. Die Hackfleischröllchen fest darin einschlagen, rechts und links durch mehrfaches Umknicken gut verschließen und auf den Grillrost legen. Im Backofen (Mitte) ca. 15 Min. backen.

4 | Die Lammwürstchen aus der Folie wickeln und mit Sesamsauce und Harissa-Sauce anrichten.

Traditionelle Variante

Traditionell werden die Lammwürstchen so hergestellt: Einen ca. 1 m langen Naturdarm (beim Metzger vorbestellen) bis zur weiteren Verarbeitung in kaltes Salzwasser legen.

Inzwischen, wie oben beschrieben, den Fleischteig herstellen. Einen trichterförmigen Wurstaufsatz vor den Fleischwolf setzen, den sauberen Darm darüber schieben, am Ende einen Knoten machen. Die Farce langsam, gleichmäßig und locker ohne Luftblasen durch den eingeschalteten Fleischwolf in den Darm treiben, dabei alle 10 cm jeweils einen Knoten machen.

Den Würstchenstrang 2–3 Std. in der Luft abhängen lassen, damit der Fleischsaft abtropfen kann. Die Würstchen an den Knoten auseinander schneiden und in heißem Olivenöl braun braten.

Variante mit Aubergine und Tomate

1 Aubergine und 1 Fleischtomate waschen, putzen und in Scheiben schneiden. 1 Gemüsezwiebel schälen und ebenfalls in Scheiben schneiden. Das Gemüse von beiden Seiten grillen. Den Fleischteig wie oben beschrieben zubereiten. Daraus Bällchen formen und etwas flach drücken, so dass sich »Frikadellen« in der Größe der Gemüsescheiben ergeben. In heißem Olivenöl von beiden Seiten braun braten. Jede »Frikadelle« auf eine Auberginenscheibe legen und mit Zwiebel und Tomate bedecken. Mit Arabischer Gewürzsauce (s. Seite 152) und einigen Korianderblättchen anrichten.

Im Bild vorne: Gefüllte Halbmondtäschchen;
hinten: Minze-Walnuss-Joghurt

Gefüllte Halbmondtäschchen

Für den Teig:

150 g Mehl | Salz | 1 Msp. Kurkumapulver

1 EL weiche Butter | 1 EL Olivenöl

Für die Füllung:

1 Schalotte | 2 EL Pinienkerne

150 g Lammhackfleisch

Salz | frisch gemahlener schwarzer Pfeffer

1/2 TL Baharat (s. Seite 148)

1 TL getrockneter Oregano | 1 Msp. Cayennepfeffer

Backpapier für das Blech

Zubereitungszeit: 50 Min.
Ruhezeit: 30 Min.
Backzeit: ca. 15 Min.
Pro Portion ca. 260 kcal

1 | Das Mehl in eine Schüssel sieben. Mit 1 Prise Salz und Kurkuma mischen. Butter und Öl mit den Fingern einarbeiten, bis ein etwas »sandiger« Teig entsteht. Nach und nach 80–90 ml Wasser untermischen und so lange kneten, bis der Teig elastisch ist. In Folie wickeln und 30 Min. im Kühlschrank ruhen lassen.

2 | Für die Füllung Schalotte schälen, fein würfeln. Mit Pinienkernen, Hackfleisch, etwas Salz und den Gewürzen mischen.

3 | Backofen auf 200° (Umluft 180°) vorheizen. Den Teig ausrollen. Kreise von ca. 7 cm Ø ausstechen. Jeweils einen Löffel voll Füllung auf eine Hälfte setzen und den Teig darüber zusammenklappen. Die Teigränder gut verschließen und mit Gabelzinken ein regelmäßiges Muster hineindrücken.

4 | Die Halbmonde auf ein mit Backpapier ausgelegtes Backblech legen. Im Backofen (Mitte) ca. 15 Min. backen.

Vegetarische Variante mit Feta

1 kleine Poreestange waschen, putzen, fein hacken. 1/2 Bund Petersilie waschen, trockenschütteln, Blättchen abzupfen und fein hacken. 120 g Feta und 1 Eigelb mit der Gabel zerdrücken, mit frisch gemahlenem Pfeffer, Cayennepfeffer und etwas Kurkumapulver würzen. Feta mit 4 EL gehacktem Porree und 3 EL gehackter Petersilie mischen und in die Halbmonde füllen.

Minze-Walnuss-Joghurt

1 kg Joghurt (1,5 %)

Salz

200 g Walnusskerne

1 unbehandelte Limette

1 Bund Minze

1–2 TL Akazienhonig

1/2 TL gemahlener Cumin

2 TL gemahlener Koriander

2 TL getrocknete Minze

frisch gemahlener schwarzer Pfeffer

1 Prise Cayennepfeffer

Zubereitungszeit: 25 Min.
Abtropfzeit: ca. 8 Std.
Ruhezeit: ca. 1 Std.
Pro Portion ca. 475 kcal

1 | Ein Sieb mit einem sauberen Tuch auslegen und über eine Schüssel hängen. Joghurt mit 1 TL Salz verrühren, in das Sieb geben und im Kühlschrank mindestens 8 Std. abtropfen lassen.

2 | Die Walnusskerne in einer trockenen Pfanne rösten. Abkühlen lassen und sehr fein hacken. Die Limette heiß waschen, abtrocknen, die Schale abreiben oder mit einem Zestenreißer abziehen und sehr fein hacken. Limettensaft auspressen. Frische Minze abspülen, trockenschütteln und die Blättchen abzupfen. Einige beiseite legen, den Rest fein hacken.

3 | Den abgetropften Joghurt mit 2 TL Limettensaft, der Limettenschale, Honig, Cumin und Koriander gut mischen. Die getrocknete Minze zwischen den Fingern fein verreiben und mit Walnüssen und frischer Minze unterheben. Alles mit Salz und Cayennepfeffer abschmecken und 1 Std. in den Kühlschrank stellen.

4 | Den Joghurt vor dem Servieren mit den restlichen Minzeblättchen dekorieren.

Fatair

TEIGSCHIFFCHEN MIT FETA UND BASILIKUM

200 g Mehl

1 TL Trockenhefe

Salz

1/4 TL Kurkumapulver

2 EL Olivenöl

1/4 TL Safranfäden

3 Stängel Basilikum

1 kleines Ei

150 g Feta

frisch gemahlener schwarzer Pfeffer

1 Msp. Cayennepfeffer

Backpapier für das Blech

Zubereitungszeit: 50 Min.
Ruhezeit: ca. 1 Std.
Pro Portion ca. 320 kcal

1 | Mehl in eine Schüssel sieben, mit Hefe, 1/2 TL Salz und Kurkuma mischen. 120 ml lauwarmes Wasser und 2 EL Öl hineinmischen. Ca. 5 Min. kneten, bis der Teig elastisch ist. Zugedeckt 1 Std. gehen lassen, bis sich das Volumen etwa verdoppelt hat.

2 | Safran mit 1 Prise Salz im Mörser fein zerreiben. Basilikum abspülen, trockenschütteln, die Blättchen grob schneiden. Das Ei verquirlen. Feta zerbröckeln, mit Safran, Basilikum und Ei vermischen. Mit Pfeffer und Cayennepfeffer abschmecken.

3 | Ofen auf 200° (Umluft 180°) vorheizen. Teig ausrollen, ca. 20 Kreise (ca. 7 cm Ø) ausstechen, diese zu Ovalen auseinanderziehen. In die Mitte etwas von der Füllung geben. Die Längsseiten um die Füllung hochziehen und die Spitzen zusammendrücken, so dass kleine »Schiffchen« entstehen. Auf ein mit Backpapier ausgelegtes Blech setzen. Im Ofen (Mitte) in ca. 12 Min. goldbraun backen.

Sfiha

MINIPIZZEN

200 g Mehl | 1 TL Trockenhefe

1/2 TL Salz | 4 EL Olivenöl

1 Zwiebel | 2 Knoblauchzehen

1 Dose stückige Tomaten (400 g)

3 EL Pinienkerne | 1 unbehandelte Zitrone

250 g Lammhackfleisch

frisch gemahlener schwarzer Pfeffer

2 EL Tomatenmark | 1/2 TL Zimtpulver

1 TL gemahlener Cumin | 1/2 TL Piment

1 TL Harissa | 1 Bund Koriander

Backpapier für das Blech

Zubereitungszeit: 50 Min.
Ruhezeit: 1 Std.
Backzeit: ca. 15 Min.
Bei 16 Stück pro Pizza ca. 125 kcal

1 | Mehl, Hefe und Salz mischen. 120 ml warmes Wasser und 2 EL Öl zugeben und ca. 5 Min. kneten. Zugedeckt ca. 1 Std. gehen lassen, bis sich das Volumen etwa verdoppelt hat.

2 | Zwiebel und Knoblauch schälen und fein hacken. Tomaten abtropfen lassen. Pinienkerne in einer trockenen Pfanne ohne Fett goldgelb rösten, dann beiseite stellen. Die Zitrone heiß waschen, abtrocknen und die Hälfte der Schale fein abreiben.

3 | Hackfleisch in 1 EL Öl unter Rühren anbraten, herausnehmen, salzen und pfeffern. Erneut 1 EL Öl in die Pfanne geben, Zwiebelwürfel darin in 3–4 Min. glasig dünsten. Knoblauch zugeben, 1 Min. weiterdünsten. Fleisch, Tomatenmark, Tomaten und Zitronenschale zugeben, mit Zimt, Cumin, Piment und Harissa würzen. Alles 5 Min. unter Rühren schmoren lassen.

4 | Ofen auf 190° (Umluft 170°) vorheizen. Teig kneten, dann zu 16 kleinen Kugeln formen (s. Seite 147). Jede zu einem Kreis von ca. 8 cm Ø ausrollen und auf Bleche mit Backpapier legen. In die Mitte jeder Sfiha ca. 1 TL Füllung geben, die Teigränder mit Olivenöl bepinseln. Minipizzen im heißen Ofen (Mitte) ca. 12–15 Min. backen. Koriander abspülen, trockenschütteln, Blättchen fein hacken. Das fertige Gebäck mit Koriander und Pinienkernen bestreuen. Heiß servieren.

Im Bild hinten: Weißkohlsalat mit Roter Bete
vorne: Batata Harra

Batata Harra

SCHARFE KARTOFFELN

1 Bund Koriandergrün

1 rote Chilischote

1 Zitrone

800 g große vorwiegend fest kochende Kartoffeln

5–6 EL Olivenöl

Salz

frisch gemahlener schwarzer Pfeffer

1 große Zwiebel

2–3 Knoblauchzehen

2 TL gemahlener Cumin

2 TL Harissa

Zubereitungszeit: 35 Min.
Pro Portion ca. 250 kcal

1 | Koriander abspülen, trockenschütteln und fein schneiden (s. Seite 146). Chilischote waschen, den Stielansatz abschneiden. Mit einem schmalen, scharfen Messer Trennwände und Kerne herauskratzen. Die Schote in feinste Ringe schneiden. Die Zitrone waschen und längs in Spalten schneiden.

2 | Kartoffeln schälen, in kleine Würfel (ca. 2 cm) schneiden, etwas trockentupfen. 4 EL Olivenöl erhitzen. Kartoffeln bei starker Hitze ca. 5 Min. anbraten, bis sie Farbe annehmen. Dabei einmal wenden. Hitze reduzieren, Kartoffeln weitere 12–15 Min. langsam braten, bis sie gar und knusprig sind. Dabei öfter wenden. Herausnehmen, salzen und pfeffern.

3 | Inzwischen Zwiebel und Knoblauch schälen und fein hacken. Zwiebel im restlichen Öl in 4–5 Min. glasig dünsten. Knoblauch zugeben, 1 Min. mitdünsten. Cumin und Harissa einrühren. Kartoffeln zugeben und gut mischen.

4 | Vor dem Servieren den Koriander untermischen. Kartoffeln mit Chiliringen bestreuen und mit den Zitronenspalten anrichten.

Weisskohl-Salat mit Roten Beten

500 g Rote Beten

Salz

200 g Weißkohl

2 Schalotten

8 Zweige Thymian

2 EL Zitronensaft

1 EL Aceto balsamico

4 EL Olivenöl

frisch gemahlener schwarzer Pfeffer

1 Msp. frisch gemahlener Piment

1/2 Bund Minze

Zubereitungszeit: 20 Min.
Kochzeit: 40 Min.
Kühlzeit: 2 Std.
Pro Portion ca. 155 kcal

1 | Rote Beten waschen, mit der Schale in kochendes Salzwasser geben und (je nach Größe) in 30–40 Min. gar kochen. Herausheben, in kaltes Wasser legen und abkühlen lassen. Die Schale im Wasser abziehen.

2 | Rote Beten in kleine Würfel oder Stifte schneiden. Weißkohl waschen, vom Strunk befreien und in feine Streifen schneiden oder hobeln. Schalotten schälen und in feine Ringe schneiden. Thymian abspülen, trockenschütteln, die Blättchen abzupfen und fein hacken. Alles in einer Schüssel mischen.

3 | Aus Zitronensaft, Essig, Öl, Salz, Pfeffer und Piment eine Sauce rühren und über das Gemüse geben. Gut mischen und mindestens 2 Std. im Kühlschrank durchziehen lassen.

4 | Inzwischen die Minze abspülen, trockenschütteln, die Blättchen abzupfen und hacken. Vor dem Servieren den Salat nochmals abschmecken und mit Minze bestreuen.

Nussige Variante mit Walnussöl

Lust auf eine herb-weiche Note im Salat? Dann ersetzen Sie doch mal das Olivenöl durch Walnussöl und mischen Sie zusätzlich 30 g gehackte Walnusskerne unter!

Frittierte Sardinen in Kartoffelhülle

3 unbehandelte Limetten

50 g Pinienkerne

2 Bund Koriandergrün

1–2 Knoblauchzehen | Salz

frisch gemahlener schwarzer Pfeffer

3 EL Olivenöl

16 frische Sardinen (küchenfertig vorbereitet)

2 möglichst große fest kochende Kartoffeln

neutrales Öl zum Frittieren

Zahnstocher zum Feststecken

Zubereitungszeit: 50 Min.
Pro Portion ca. 280 kcal

1 | Limetten heiß waschen, trockenreiben, Schale mit dem Zestenreißer abziehen **(Step 1)**. Saft von 1 Limette auspressen, die anderen Limetten längs in Spalten schneiden. Pinienkerne in einer trockenen Pfanne goldgelb rösten. Koriander waschen, trockenschütteln und die Blättchen abzupfen. Knoblauch schälen und fein hacken. Pinienkerne, Koriander und Knoblauch mit Salz und Pfeffer im Mixer pürieren. Nach und nach das Olivenöl zugeben. Das Korianderpesto mit Limettensaft abschmecken.

2 | Den Sardinen den Kopf abschneiden. Fische abwaschen, trockentupfen und innen und außen salzen.

3 | Die Kartoffeln schälen. Mit einem Sparschäler 16 hauchdünne Kartoffelstreifen produzieren, wie man einen Apfel schält **(Step 2)**. Auf jede Sardine 1–2 Limettenzesten legen **(Step 3)**. Die Sardinen mit den Kartoffelstreifen umwickeln, mit Zahnstochern feststecken.

4 | Öl in der Fritteuse oder in einem tiefen Topf auf 170° erhitzen, bis an einem hineingehaltenen Holzstäbchen kleine Bläschen aufsteigen. Die Sardinen darin ca. 2–3 Min. frittieren **(Step 4)**, bis sie knusprig goldgelb sind. Mit Korianderpesto und Limettenspalten anrichten.

1 | *Die Limettenschale mit einem Zestenreißer in Streifen abziehen.*

2 | *Von den geschälten Kartoffeln 16 hauchdünne, lange Streifen abschälen.*

3 | *Auf jede Sardine 1–2 Limettenzesten legen. Mit Kartoffelstreifen umwickeln.*

4 | *Die umhüllten Sardinen in heißem Olivenöl 2–3 Min. frittieren.*

Arabische Kartoffelpaste

800 g mehlig kochende Kartoffeln

Salz | 1 Kopf Radicchio (ca. 200 g)

1 Bund Radieschen

1 Bund glatte Petersilie

40 g Pinienkerne

2 EL Zitronensaft

4 EL Olivenöl

1 1/2 TL gemahlener Cumin

1–2 TL Harissa

frisch gemahlener schwarzer Pfeffer

Zubereitungszeit: 45 Min.
Pro Portion ca. 280 kcal

1 | Kartoffeln schälen, in gleichmäßige Stücke schneiden, in Salzwasser in ca. 20 Min. gar kochen.

2 | Inzwischen Radicchio und Radieschen waschen, putzen und klein hacken. Petersilie waschen, trockenschütteln und grob schneiden (s. Seite 146). Pinienkerne in einer Pfanne ohne Fett goldgelb rösten. Zitronensaft mit 3 EL Olivenöl, Cumin, Harissa, Pfeffer und etwas Salz verrühren.

3 | Kartoffeln abgießen und etwas ausdampfen lassen. Noch heiß mit dem Kartoffelstampfer zu Püree stampfen und mit der Sauce mischen.

4 | Radicchio, Radieschen und Petersilie auf einer Platte verteilen. Die Kartoffelpaste darauf anrichten. Mit dem restlichen Olivenöl beträufeln und mit den Pinienkernen bestreuen. Lauwarm oder kalt servieren.

Kräuterwürzige Variante mit Pinienkernen

Der Dreiklang von Rot, Gelb und Grün wird noch verstärkt, wenn Sie das Püree anstelle der Pinienkerne mit Za'tar bestreuen (s. Seite 148).

Warmwürzige Variante mit Cuminsamen

1–2 TL ganze Cuminsamen im restlichen Öl anbraten, bis sie duften. Sofort über die Paste geben.

Marinierte Würzmöhrchen

800 g schmale Bundmöhren | 4 EL Olivenöl

2 kleine Lorbeerblätter

4 Pimentkörner

2 kleine getrocknete Chilischoten

5 grüne Kardamomkapseln

1/2 Zimtstange | Salz

1 EL Akazienhonig | 1–2 EL Himbeeressig

1/2 Bund glatte Petersilie

2 TL Orangenblütenwasser

Zubereitungszeit: 35 Min.
Kühlzeit: ca. 3 Std.
Pro Portion ca. 150 kcal

1 | Möhren putzen, schälen, längs vierteln und schräg in kurze Stücke schneiden (oder auf einem entsprechenden Hobel stifteln). Möhrenstücke im Olivenöl unter Rühren 1–2 Min. anbraten. Gewürze, Salz und 80 ml Wasser zugeben. Alles zugedeckt bei mittlerer Hitze ca. 5 Min. dünsten.

2 | Möhren mit dem Sud in eine Schüssel geben, Honig und Himbeeressig zugeben. Abgedeckt im Kühlschrank 2–3 Std. ziehen lassen. Ab und zu umrühren.

3 | Petersilie waschen, trockenschütteln, die Blättchen abzupfen. Mehrere Blättchen übereinander legen, mit einem scharfen Messer in sehr feine Streifen schneiden.

4 | Nach Belieben vor dem Servieren Gewürze entfernen. Möhren mit Orangenblütenwasser beträufeln, mit Petersilie bestreuen.

Edle Variante mit Granatapfelkernen

Für besondere Gelegenheiten die Möhren zusätzlich mit blanchierten Mandeln und Granatapfelkernen mischen.

Süss-säuerliche Variante mit Berberitzen

2–3 EL getrocknete Berberitzen kurz in Wasser einweichen. Abtropfen lassen, in 1 1/2 EL Butter ca. 30 Sek. andünsten, mit 2 TL Zucker bestreuen und sofort unter die Möhren mischen.

Im Bild vorne: Labaneh;
hinten: Aubergine mit Feta und Tomatensauce

Aubergine mit Feta und Tomatensauce

1 große Aubergine (ca. 500 g)

Salz

1 Bund glatte Petersilie

3 EL Olivenöl

frisch gemahlener schwarzer Pfeffer

1/2 Portion Tomatensauce (s. Seite 152)

125 g Feta | 3 Eier

1 EL Pinienkerne

Zubereitungszeit: 25 Min.
Ruhezeit: ca. 20 Min.
Backzeit: ca. 25 Min.
Pro Portion ca. 280 kcal

1 | Aubergine waschen, ohne den Stielansatz in ca. 1 cm dicke Scheiben schneiden und salzen. Ca. 20 Min. ziehen lassen. Inzwischen die Petersilie abspülen, trockenschütteln und Blättchen abzupfen. Einige Blättchen beiseite legen und den Rest hacken.

2 | Auberginenscheiben mit Küchenpapier trockentupfen. Im heißen Olivenöl von jeder Seite 1–2 Min. braten, bis sie goldbraun sind. Auf Küchenpapier entfetten.

3 | Den Backofen auf 200° (Umluft 180°) vorheizen. Eine feuerfeste Form mit den Auberginenscheiben auslegen. Mit Pfeffer würzen und mit der gehackten Petersilie bestreuen. Darauf die Tomatensauce streichen.

4 | Den Feta zerkrümeln und mit den Eiern verquirlen. Die Mischung über die Tomatensauce gießen. Im Backofen (Mitte) ca. 20–25 Min. backen, bis die Eiermasse gestockt ist. Inzwischen die Pinienkerne in einer trockenen Pfanne ohne Fett goldgelb rösten. Das fertige Gericht mit den restlichen Petersilienblättchen und Pinienkernen bestreuen und sofort servieren.

Tipp

Die unterschiedlichen Schichten des Gerichts werden besonders schön sichtbar, wenn Sie alles in kleinen Portionsförmchen backen und zum Servieren stürzen.

Labaneh

Eingelegte Joghurtbällchen

600 g Ziegenmilch-Joghurt

1/4 TL Salz

4 kleine Zweige Rosmarin

4 Knoblauchzehen

250–300 ml Olivenöl

3 Stängel frische Minze

1/2 TL Schwarzkümmel

1 Msp. Cayennepfeffer

Zubereitungszeit: 25 Min.
Abtropfzeit: ca. 12 Std.
Kühlzeit: 24 Std.
Pro Portion ca. 220 kcal

1 | Ein Sieb mit einem sauberen Mulltuch auslegen und über eine Schüssel hängen. Joghurt mit Salz mischen, in das Sieb geben und mindestens 12 Std. im Kühlschrank abtropfen lassen.

2 | Abgetropften Joghurt nochmals gut ausdrücken. Mit feuchten Händen zu etwa olivengroßen Kugeln formen.

3 | Rosmarin abspülen, trockenschütteln und in ca. 3 cm lange Stücke schneiden. Knoblauchzehen nur leicht andrücken, nicht schälen. Käsekugeln abwechselnd mit Knoblauch und Rosmarin in ein gut verschließbares Glas schichten und alles mit dem Öl bedecken. 24 Std. kalt stellen.

4 | Minze abspülen, trockenschütteln, die Blättchen abzupfen. Käsekugeln mit Schwarzkümmel bestreuen, mit etwas Cayennepfeffer bestäuben und mit Minzeblättchen dekorieren.

Schnelle Variante: Käsebällchen

150 g Ziegenfrischkäse und 100 g Feta mit einer Gabel zerdrücken. Mit 1/2 TL gemahlenem Cumin und 1/4 TL Cayennepfeffer würzen. Die Masse zu kleinen Bällchen formen. Die Bällchen in fein gehackten Kräutern, z. B. Thymian und Minze oder Petersilie und Basilikum, wälzen oder in einer Mischung aus gehacktem Rosmarin und gehackten Pistazien. Oder mit Za'tar (s. Seite 148) bestreuen. Auf einem Teller anrichten und mit Olivenöl beträufeln

Fatteh

RÖSTBROT MIT JOGHURT, LAMM UND PINIENKERNEN

1 Knoblauchzehe | 1/4 TL Salz

1 Prise getrocknete Minze

250 g Joghurt (3,5 %)

150 g gekochte Kichererbsen (ersatzweise aus der Dose)

1–2 EL Gemüsebrühe oder Kochwasser von den Kichererbsen

200 g Lammhackfleisch

3 EL Olivenöl

frisch gemahlener schwarzer Pfeffer

1 Prise Zimtpulver

1 Prise Cayennepfeffer

2 EL Pinienkerne

2 dünne arabische Fladenbrote

1 Prise gemahlener Cumin

Zubereitungszeit: 15 Min.
Pro Portion ca. 540 kcal

1 | Den Knoblauch mit Salz und Minze in einem Mörser zerreiben, mit dem Joghurt mischen. Die Kichererbsen in etwas Brühe erhitzen.

2 | Das Fleisch in 1 EL Olivenöl unter Rühren anbraten, bis es braun und krümelig ist. Mit Salz, Pfeffer, Zimt und Cayennepfeffer würzen. In einer zweiten Pfanne das restliche Öl erhitzen und die Pinienkerne goldgelb rösten.

3 | Die Fladenbrote auf dem Brötchenaufsatz des Toasters rösten. Noch warm in Stücke brechen und in eine Schüssel legen. Die Kichererbsen abtropfen lassen und warm darauf geben. Darüber zuerst den Joghurt, dann das Fleisch und zum Schluss, direkt vor dem Servieren, das heiße Olivenöl mit den Pinienkernen schichten. Alles mit Cumin bestäuben.

Ein besonderes Geschmackserlebnis: von mild über scharf, würzig, nussig bis knackig, herzhaft und frisch.

Herbnussige Variante mit Tahina

Mischen Sie 1 EL Tahina und etwas Zitronensaft in den Joghurt.

Extra-Aroma-Variante

1 Knoblauchzehe in 2 EL Olivenöl pressen und das Fladenbrot damit einpinseln. Im Backofen bei 200° (Umluft 180°) knusprig backen. In diesem Fall muss kein weiterer Knoblauch an den Joghurt.

Variante: Fatteh mit Hähnchenbrust

Hähnchen statt Lämmchen: 1 Hähnchenbrust in etwas Brühe garen, enthäuten und in mundgerechte Stücke teilen. Anstelle des Lammhackfleischs über das Röstbrot geben.

FEINE UND NEUE MEZZE

KLASSISCHE ORIENTALISCHE ZUTATEN UND GEWÜRZE: NEU KOMBINIERT

DIE REZEPTE

NEUE FEINE MEZZE

Genießen Sie orientalische Lebensart im neuen Stil: in diesen Vorspeisen verbinden sich klassische orientalische Zutaten und Gewürze durch neuartige Kombinationen zu spannenden Geschmackserlebnissen voller Aroma, dabei frisch und leicht. Abwechslungsreich und bunt wie ein Basar, für Abende im kleinen Kreis oder in großer Runde.

Möhren-Orangen-Salat

Im Bild Seite 63 rechts unten

2 Orangen, davon 1 unbehandelt

1 Limette | 2 große Möhren (ca. 300 g)

4 EL Olivenöl

2 TL Akazienhonig

1/4 TL Cayennepfeffer | Salz

1/2–1 TL getrockneter grüner Pfeffer

2 Stängel Minze

2 EL Pistazienkerne

Zubereitungszeit: 30 Min.
Ruhezeit: 30 Min.
Pro Portion ca. 190 kcal

1 | Die unbehandelte Orange heiß waschen und trocknen. Die Schale abreiben oder mit dem Zestenreißer abziehen und fein hacken. Die Orange wie einen Apfel schälen, so dass die Haut vollständig entfernt wird, und in dünne Scheiben schneiden. Den Saft der anderen Orange und der Limette auspressen.

2 | Möhren schälen, putzen und grob raspeln. In 2 EL Öl 2 Min. unter Rühren anbraten, dann an den Rand schieben. 1/2 EL Öl in die Pfanne geben, die Zesten darin 1 Min. anbraten. Honig zugeben und so lange weiter rührbraten, bis die Zesten leicht karamellisieren. Mit der Hälfte des Orangensafts ablöschen und alles mischen. Mit Cayennepfeffer, Salz und 1 EL Limettensaft pikant abschmecken. Abkühlen lassen.

3 | Grünen Pfeffer im Mörser zerreiben. Restlichen Orangen- und Limettensaft, übriges Öl, Salz und grünen Pfeffer verrühren. Die Möhren darin 30 Min. ziehen lassen.

4 | Minze abspülen und die Blättchen abzupfen. Einige ganz lassen, den Rest fein hacken. Pistazien hacken. Je 1–2 Orangenscheiben auf Tellern anrichten, den Salat darauf häufeln, mit gehackter Minze und Pistazien bestreuen, mit ganzen Minzeblättchen garnieren.

Joghurt-marinierte Hähnchenspiesse

Im Bild Seite 62 links oben

600 g Hähnchenkeulen

150 g Joghurt (3,5 %)

1 EL Zitronensaft | 1 EL Olivenöl

1 TL Harissa | 1/2 TL Kurkumapulver

1/2 TL edelsüßes Paprikapulver

1/4 TL gemahlener Piment

1/4 TL frisch gemahlener schwarzer Pfeffer

1/2 Bund Koriandergrün | Öl zum Grillen

Salz | kleine Holzspieße

dazu: Arabische Gewürzsauce (s. Seite 152) oder Sesamsauce (s. Seite 150)

Zubereitungszeit: 30 Min.
Marinierzeit: 12 Std.
Pro Portion ca. 270 kcal

1 | Hähnchenkeulen abspülen und trockentupfen. Haut entfernen. Fleisch vom Knochen lösen und ca. 2 cm groß würfeln. Joghurt, Zitronensaft, Öl, Harissa und Gewürze verrühren. Das Fleisch darin 12 Std. abgedeckt im Kühlschrank marinieren.

2 | Fleisch auf einem Sieb abtropfen lassen. Koriander abspülen, trockenschütteln, die Blättchen abzupfen.

3 | Das Fleisch mit Küchenpapier abtupfen und auf kurze Holzspieße stecken. Eine Grillpfanne mit Öl einpinseln, die Spieße darauf legen. Von allen Seiten bei mittlerer Hitze ca. 6 Min. grillen. Salzen, mit Korianderblättchen bestreuen und mit einer der Saucen servieren.

Tipp

Dazu passen Gurkenjoghurt (s. Seite 43) oder Fattusch (s. Seite 36).

Zucchini mit Rucola-Mandel-Paste

Im Bild Seite 63 rechts oben

100 g Rucola | 50 g blanchierte Mandeln

1/2–1 TL getrockneter grüner Pfeffer

100 g Ricotta (ersatzweise Doppelrahmfrischkäse)

1–2 EL Zitronensaft

Salz | frisch gemahlener schwarzer Pfeffer

1/2–1 TL Akazienhonig

3 mittelgroße Zucchini (ca. 400 g)

2 EL Olivenöl

Zubereitungszeit: 30 Min.
Pro Portion ca. 190 kcal

1 | Rucola waschen, trockenschütteln, die Stiele abschneiden. Einige Blätter beiseite legen, den Rest grob hacken. Ca. 20 g Mandeln längs halbieren und in einer trockenen Pfanne goldgelb rösten. Die restlichen Mandeln im Blitzhacker fein mahlen. Grünen Pfeffer im Mörser zerdrücken.

2 | Gehackten Rucola, gemahlene Mandeln, Ricotta und 1 EL Zitronensaft im Mixer fein pürieren. Mit Salz, Pfeffer, grünem Pfeffer, Honig und eventuell mehr Zitronensaft abschmecken.

3 | Zucchini waschen, trockenreiben und schräg in ca. 5 mm dünne Scheiben schneiden oder hobeln. In Olivenöl 4–5 Min. braten, dabei ständig wenden.

4 | Zucchini mit der Paste anrichten, mit Rucolablättchen dekorieren, halbe Mandeln darüber streuen.

Variante: Auberginenröllchen

1 Aubergine (ca. 300 g) der Länge nach in ca. 7 mm dicke Scheiben schneiden. Salzen und 20 Min. stehen lassen. Mit Küchenpapier gut abtupfen. Portionsweise in Olivenöl braten, von jeder Seite ca. 1 1/2 Min. Auf Küchenpapier entfetten. Mit Rucolapaste bestreichen, von der kurzen Seite her aufrollen.

Tipp

Probieren Sie die Rucola-Mandel-Paste doch auch einmal als Dip für rohe Gemüsesticks wie Möhre oder Stangensellerie! Ein knackig-cremiges Vergnügen.

Kirschtomaten mit Bohnenmus-Füllung

Im Bild Seite 63 Mitte

12 Kirschtomaten oder kleine Rispentomaten (ca. 250 g)

1 kleine Dose weiße Bohnen (170 g Abtropfgewicht)

1 kleine Knoblauchzehe

1 EL Zitronensaft

2 EL Olivenöl

Salz | frisch gemahlener schwarzer Pfeffer

1 Frühlingszwiebel

1/2–1 TL getrockneter grüner Pfeffer

1/2 Bund glatte Petersilie

80 g Feta

Zubereitungszeit: 35 Min.
Pro Portion ca. 140 kcal

1 | Die Tomaten waschen, quer halbieren, vorsichtig aushöhlen und mit der Schnittfläche nach unten auf Küchenpapier abtropfen lassen. Die Bohnen in ein Sieb abgießen, kalt abspülen und abtropfen lassen. Den Knoblauch schälen. Mit den Bohnen, dem Zitronensaft und 1 EL Olivenöl im Mixer oder mit dem Pürierstab pürieren, salzen und pfeffern.

2 | Den Backofen auf 200° (Umluft 180°) vorheizen. Die Frühlingszwiebel waschen, putzen und sehr fein hacken. Grünen Pfeffer im Mörser zerdrücken. Die Petersilie abspülen, trockenschütteln und die Blättchen abzupfen. Die Hälfte fein hacken, den Rest ganz lassen.

3 | Frühlingszwiebel, grünen Pfeffer und die gehackte Petersilie unter das Bohnenmus mischen. Die Tomatenhälften von innen leicht salzen, mit dem Bohnenmus füllen und in eine feuerfeste Form setzen. Den Feta in Scheibchen schneiden, auf jede Tomate ein Stück legen. Mit restlichem Olivenöl beträufeln.

4 | Die Form in den Backofen (Mitte) schieben und die Grillfunktion zuschalten. Die Tomaten 8–10 Min. übergrillen. Mit übrigen Petersilienblättchen dekorieren und heiß servieren.

Rotbarben mit Oliven-Mandel-Couscous

Für den Fisch:

4 Rotbarben (à 60–70 g, küchenfertig vorbereitet)

Salz

1 unbehandelte Zitrone

1 große Tomate

1 Knoblauchzehe

1/2 TL Harissa

1/2 TL gemahlener Cumin

2 EL Mehl

Für den Couscous:

50 g Mandelstifte

50 g grüne Oliven ohne Stein

1 Bund Koriandergrün

170 ml Gemüsebrühe

100 g mittelfeiner Couscous (Instant)

1/4 TL Kurkumapulver

2 EL Olivenöl

Zubereitungszeit: 45 Min.
Grillzeit: 8 Min.
Pro Portion ca. 225 kcal

1 | Rotbarben kalt abspülen, abtupfen und von innen salzen. Zitrone heiß abwaschen, trockenreiben und in Scheiben schneiden. Einige davon halbieren. Tomate waschen und ohne den Stielansatz in 4 dicke Scheiben schneiden.

2 | Knoblauch schälen, mit 1/2 TL Salz zerdrücken und mit Harissa und Cumin zu einer Paste mischen. Die Paste in die Bauchhöhle der Fische streichen, außerdem jeweils 1 Zitronenscheibe hineinlegen.

3 | Mandelstifte in einer Pfanne ohne Fett goldgelb rösten. Die Hälfte der Oliven hacken, den Rest ganz lassen oder längs halbieren. Koriandergrün waschen und trockenschütteln. Einige Stängel ganz lassen, von den restlichen die Blättchen abzupfen und hacken.

4 | Die Brühe erhitzen. Couscous mit Kurkuma und etwas Salz mischen. 1 EL Olivenöl zugeben, mit heißer Brühe aufgießen. Abgedeckt 5–6 Min. quellen lassen. Mit zwei Gabeln auflockern. Gehackte Oliven, Mandelstifte und gehackten Koriander untermischen.

5 | Fische von außen salzen, im Mehl wenden. Grill mit 1 EL Öl einstreichen, Rotbarben von jeder Seite 4 Min. grillen. Zum Schluss die Tomatenscheiben von jeder Seite 1 Min. mitgrillen.

6 | Rotbarben mit Couscous und Tomaten anrichten. Mit Korianderstängeln, halben Zitronenscheiben und restlichen Oliven dekorieren.

Im Bild hinten: Walnuss-Lammbällchen; vorne: Gegrillte Feigen mit Ziegenfrischkäse

Walnuss-Lamm-Bällchen

80 g Walnusskerne

2 kleine Möhren (ca. 120 g)

1 Bund glatte Petersilie | 3 Stängel frische Minze

200 g Lammhackfleisch

Salz | frisch gemahlener schwarzer Pfeffer

1/4 TL Cayennepfeffer | 1/2 TL gemahlener Cumin

1/2 TL Zimtpulver

1 TL gemahlene getrocknete Orangenschale oder Arabisches Orangengewürz (s. Seite 149, ersatzweise abgeriebene Schale von 1/2 unbehandelten Orange)

1 TL getrocknete Minze | 1 TL Granatapfelsirup

1 Eigelb | 4 EL Olivenöl | 200 g Joghurt (3,5 %)

Saft von 1/2 Zitrone

Zubereitungszeit: ca. 35 Min.
Ruhezeit: ca. 30 Min.
Pro Portion ca. 340 kcal

1 | Walnusskerne fein hacken. Möhren putzen und schälen. 1 Möhre sehr fein würfeln (ca. 2 mm). Die andere mit dem Sparschäler längs in dünne Streifen schneiden und beiseite stellen. Petersilie und Minze abspülen und trockenschütteln. Die Blättchen abzupfen. Einige Minzeblättchen beiseite stellen, den Rest und die Petersilie fein hacken.

2 | Fleisch mit Salz, Pfeffer, Cayennepfeffer, Cumin, Zimt und getrockneter Orangenschale vermischen. Die getrocknete Minze zwischen den Fingern fein zerreiben und zugeben. Möhrenwürfel, gehackte Walnüsse, Petersilie, Granatapfelsirup, Eigelb und 1 EL Olivenöl zugeben, alles gründlich mischen.

3 | Den Fleischteig ca. 30 Min. im Kühlschrank ruhen lassen. In vier Portionen teilen, aus jeder Portion vier Bällchen formen. Bällchen in 2 EL Öl in 6–8 Min. von allen Seiten braten. Auf Küchenpapier entfetten.

4 | Aus Joghurt, restlichem Olivenöl, Salz, Pfeffer, etwas Zitronensaft und gehackter Minze einen Dip rühren. Die Bällchen mit den Möhrenstreifen und den Minzeblättchen garnieren. Dazu nach Belieben aus den Möhrenstreifen »Blumen« drehen, die Minze als »Blätter« dazustecken. Dazu den Dip servieren.

Gegrillte Feigen mit Ziegenfrischkäse

1/4 l roter Traubensaft

5 TL Akazienhonig

1/2 TL getrockneter grüner Pfeffer

1/2 Bund Thymian

30 g Pistazienkerne

125 g Ziegenfrischkäse

frisch gemahlener schwarzer Pfeffer

2 große frische Feigen

Zubereitungszeit: 40 Min.
Grillzeit: ca. 6 Min.
Pro Portion ca. 205 kcal

1 | Den Traubensaft mit 3 TL Honig aufkochen, in ca. 15 Min. bei starker Hitze offen zu einem Sirup einkochen. Den Backofen auf 220° (Umluft 200°) vorheizen. Den grünen Pfeffer im Mörser zerstoßen und zum Sirup geben. Den Thymian abspülen und trockenschütteln. Einige Zweige beiseite legen, von den übrigen die Blättchen hacken. Pistazienkerne hacken.

2 | Ziegenfrischkäse mit einer Gabel zerdrücken, mit restlichem Honig, Pfeffer, Thymian und Pistazien mischen.

3 | Die Feigen halbieren und in die Mitte eine leichte Vertiefung drücken. Die Feigenhälften mit der Käsemasse füllen, in eine feuerfeste Form setzen und in den Backofen (Mitte) schieben. Grillfunktion zuschalten. Feigen ca. 6 Min. grillen, bis sie weich sind und der Ziegenkäse leicht bräunt.

4 | Feigen heiß auf einem Spiegel von Traubensirup servieren und mit Thymianzweigen dekorieren.

Fruchtige Süße und pfeffrige Schärfe machen aus dem Klassiker eine Genuss-Sensation.

Tipp

Wer es milder liebt, ersetzt den Ziegenfrischkäse durch Ricotta

Honig-marinierte Paprika

5–6 gelbe Paprikaschoten (ca. 1 kg)

1 EL heller Aceto balsamico | 1 EL Zitronensaft

Salz | frisch gemahlener schwarzer Pfeffer

1 EL Akazienhonig | 3 EL Walnussöl

3 EL Sonnenblumenöl

50 g helle Sultaninen | 3 Stängel Minze

Backpapier für das Blech

Zubereitungszeit: 45 Min.
Marinierzeit: 3-4 Std.
Grillzeit: ca. 20 Min.
Pro Portion ca. 220 kcal

1 | Den Backofen auf 220° (Umluft 200°) vorheizen. Paprikaschoten vierteln, putzen, mit der Schnittfläche nach unten auf ein Blech mit Backpapier legen. Etwas flach drücken und in den Backofen (oben) schieben. Grillfunktion zuschalten und die Paprikaviertel 15–20 Min. grillen, bis die Haut dunkel wird und Blasen wirft. Herausnehmen, mit einem feuchten Tuch abdecken, 10 Min. abkühlen lassen. Danach die Haut abziehen.

2 | Inzwischen für die Vinaigrette den Essig mit Zitronensaft, Salz, Pfeffer und Honig verrühren. Öle erst tropfenweise unterschlagen, dann im dünnen Strahl, bis die Vinaigrette cremig wird. Über die Paprikaviertel geben, die Sultaninen untermischen. Alles im Kühlschrank mindestens 2 Std. ziehen lassen.

3 | Kurz vor dem Servieren die Minze abspülen, trockenschütteln und die Blättchen abzupfen. Paprikaviertel vorsichtig wenden und mit den Minzeblättchen bestreuen.

Feta-Melonen-Häppchen

1 großes Stück Wassermelone (ca. 600 g)

150 g Feta

1 unbehandelte Limette

6–8 Zweige Thymian

frisch gemahlener schwarzer Pfeffer

1–2 EL Olivenöl

Zubereitungszeit: 15 Min.
Kühlzeit: ca. 4 Std.
Pro Portion ca. 160 kcal

1 | Die Melone im Kühlschrank gut kühlen. Schale und unreifes weißes Fruchtfleisch wegschneiden. Es bleiben ca. 300 g reifes rotes Fruchtfleisch übrig. Das Fruchtfleisch erst in dünne Scheiben, dann in mundgerechte Stücke schneiden. Den Feta in ähnlich große Scheiben schneiden.

2 | Die Limette heiß abwaschen. Die Schale abreiben oder mit dem Zestenreißer abziehen und sehr fein hacken. Den Saft der Limette auspressen. Thymian abspülen und trockenschütteln, die Blättchen abstreifen und ebenfalls sehr fein hacken.

3 | Melone mit dem Limettensaft beträufeln. Pfeffer darüber mahlen. Auf jedes Melonenstück ein Stück Feta legen. Alles mit Olivenöl beträufeln und mit Thymian und Limettenschale bestreuen. Nochmals pfeffern und sofort servieren.

Im Bild vorne: Feta-Melonen-Häppchen;
hinten: Honig-marinierte Paprika

Im Bild vorne: Lammfilet auf Olivensauce; hinten: Lammkotelett in Tomatensauce

Lammfilet auf Olivensauce

3 Zweige Thymian

3 EL Olivenöl

frisch gemahlener schwarzer Pfeffer

2 Lammfilets (à 100–120 g)

1 kleine Zwiebel

1 kleine Knoblauchzehe

200 ml heiße Gemüse- oder Hühnerbrühe

120 g schwarze Oliven ohne Stein

2 TL getrockneter Oregano

1/2 Bund glatte Petersilie

Zubereitungszeit: 40 Min.
Pro Portion ca. 175 kcal

1 | Thymian abspülen und trockenschütteln, die Blättchen abstreifen und fein hacken. Mit 1 EL Olivenöl und etwas Pfeffer mischen. Lammfilets kalt abspülen, mit Küchenpapier trockentupfen und in der Mischung marinieren.

2 | Inzwischen Zwiebel und Knoblauch schälen und fein hacken. Zwiebel in 1 EL Olivenöl 3–4 Min. andünsten. Knoblauch zugeben, 1 Min. mitdünsten. Mit heißer Brühe ablöschen. 4 Oliven längs halbieren und beiseite legen. Die restlichen Oliven in der Brühe mit dem Pürierstab pürieren. Oregano zwischen den Fingern fein zerreiben und dazugeben. Die Olivensauce 5–10 Min. köcheln lassen, bis sie etwas eindickt.

3 | Petersilie abspülen, trockenschütteln und die Blättchen abzupfen. Einige ganz lassen, den Rest fein hacken und unter die Sauce mischen. Lammfilets im restlichen Öl von jeder Seite ca. 2 Min. braten. Herausnehmen, locker in Alufolie einschlagen und 5 Min. ruhen lassen.

4 | Lammfilets schräg in Scheiben schneiden, auf der Olivensauce anrichten. Mit Petersilienblättchen und den Olivenhälften dekorieren.

Tipp

Statt Olivensauce schmeckt auch die Arabische Gewürzsauce (s. Seite 152) gut dazu.

Lammkotelett in Tomatensauce

2 Zweige Rosmarin

3 Zweige Thymian

4 kleine Lammkoteletts (à 80 g)

frisch gemahlener schwarzer Pfeffer

2 EL Olivenöl

1 große Fleischtomate (ca. 250 g) | Salz

200 ml Arabische Tomatensauce (s. Seite 152)

2 TL Dijonsenf

1–2 TL körniger Senf

1 TL Akazienhonig

Zubereitungszeit: 25 Min.
Marinierzeit: 30 Min.
Pro Portion ca. 305 kcal

1 | Rosmarin und Thymian abspülen und trockenschütteln. Die Rosmarinnadeln abzupfen und hacken (es sollte ca. 1 EL ergeben). Den Thymian in kleine Zweige teilen, ca. 1 TL Blättchen abstreifen und hacken.

2 | Lammkoteletts mit Rosmarin, Pfeffer, 1 EL Olivenöl und der Hälfte des gehackten Thymians einreiben und ca. 30 Min. marinieren. Inzwischen die Tomate kurz überbrühen und häuten. Entkernen, etwas abtropfen lassen und ohne den Stielansatz würfeln.

3 | Den Backofen auf 50° (Umluft 40°) vorheizen. Die Koteletts im restlichen Öl von jeder Seite ca. 3 Min. braten, leicht salzen. Aus der Pfanne nehmen und im Ofen abgedeckt warm halten.

4 | Den Bratsatz mit der Tomatensauce ablöschen und losrühren. Senf und gehackten Thymian untermischen. Mit Salz und Honig würzen. Die Tomatenwürfel zugeben und weitere 3 Min. köcheln lassen.

5 | Die Koteletts mit der Tomatensenfsauce anrichten und mit Thymianzweigen dekorieren.

Tipp

Dazu passt besonders gut Arabischer Reis (s. Seite 154).

Artischockenböden mit Mandel-Paste

Für die Artischocken:

1 unbehandelte Zitrone

4 große oder 8 kleine Artischocken

Salz | 2 Frühlingszwiebeln

1 Knoblauchzehe | 1/2 Bund Minze

100 g blanchierte Mandeln

2–3 EL Olivenöl

200 ml Gemüse- oder Hühnerbrühe

frisch gemahlener schwarzer Pfeffer

Cayennepfeffer

Für den scharfen Tomatensalat:

1 große Fleischtomate | Salz | Pfeffer

1 kleine rote Zwiebel

1/2 Bund Basilikum | Cayennepfeffer

Zubereitungszeit: 45 Min.
Pro Portion ca. 270 kcal

1 | Zitrone heiß waschen, trockenreiben. Aus der Mitte vier dünne Scheiben schneiden, den Rest auspressen.

2 | Die Artischocken waschen **(Step 1)**. Den Stiel abbrechen, so dass sich die harten Stützfasern aus dem Boden herausziehen lassen. Die oberen zwei Drittel der Blütenblätter mit einem scharfen Messer abschneiden **(Step 2)**; die restlichen rund um den Blütenboden mit dem Messer entfernen. Das so genannte »Heu« mit einem Teelöffel herauslösen **(Step 3)**. Mit einem kleinen Küchenmesser noch verbliebene faserige Stellen und Blattansätze entfernen **(Step 4)**. Böden sofort mit etwas Zitronensaft benetzen, damit sie an der Luft nicht braun werden. Im Salzwasser ca. 10 Min. bei schwacher Hitze garen, abgießen.

3 | Inzwischen die Frühlingszwiebeln waschen, putzen. Weiß und Grün getrennt fein hacken. Knoblauch schälen und fein hacken. Minze abspülen, trockenschütteln und Blättchen abzupfen. Die Hälfte ganz lassen, den Rest fein hacken. Mandeln im Mixer oder Blitzhacker sehr fein mahlen.

4 | Das Zwiebelweiß in 1 EL Olivenöl in 3–4 Min. glasig dünsten, Knoblauch zugeben, 1 Min. mitdünsten, mit heißer Brühe ablöschen. Gemahlene Mandeln einstreuen, ca. 5 Min. offen köcheln, bis die Sauce cremig eindickt. Mit Pfeffer, Cayennepfeffer und Zitronensaft pikant abschmecken. Abkühlen lassen, Zwiebelgrün und gehackte Minze untermischen.

5 | Fleischtomate überbrühen, häuten und entkernen. Das Fruchtfleisch ohne den Stielansatz würfeln, salzen und pfeffern. Die rote Zwiebel schälen und fein würfeln. Basilikum abspülen, trockenschütteln, die Blätter abzupfen und fein hacken. Tomate, Zwiebel und Basilikum mit restlichem Olivenöl mischen, mit Cayennepfeffer kräftig scharf abschmecken.

6 | Artischockenböden mit Mandelsauce füllen, mit Zitronenscheiben und Minzeblättchen dekorieren. Neben jede Portion etwas Tomatensalat löffeln.

1 | *Artischocken gründlich in kaltem Wasser waschen.*

2 | *Die oberen zwei Drittel der Blütenblätter mit einem Messer abschneiden.*

3 | *Das Heu aus den Artischockenböden lösen. Böden mit Zitronensaft beträufeln.*

4 | *Übrige faserige Stellen und Blattansätze mit einem Küchenmesser entfernen.*

Zimtaprikosen mit Ricottafüllung

16 getrocknete Aprikosen (»Soft-Früchte«, ca. 160 g)

200 ml Orangensaft | 1 EL Zucker

1/2 TL Zimtpulver

1 rote Chilischote

50 g Walnusskerne

125 g Ricotta

Salz | 1 Prise Cayennepfeffer

Minzeblättchen zum Dekorieren

Zubereitungszeit: 40 Min.
Kühlzeit: 30 Min.
Pro Portion ca. 265 kcal

1 | Aprikosen mit Orangensaft, Zucker und Zimt aufkochen. Ca. 10 Min. offen kochen lassen. Aprikosen herausheben, etwas ausdrücken. Saft in 10 Min. auf ca. 3 EL Sirup einkochen lassen. Abkühlen lassen.

2 | Inzwischen die Chilischote waschen, Stielansatz, Trennwände und Kerne entfernen, Fruchtfleisch fein hacken. Walnusskerne trocken rösten und hacken. Ricotta mit Sirup verrühren, Walnusskerne und drei Viertel der Chiliwürfel unterheben, mit Salz, Cayennepfeffer und Zimt abschmecken.

3 | Die Aprikosen seitlich aufschneiden und mit der Ricottamischung füllen. 30 Min. kalt stellen. Mit übrigen Chiliwürfeln und Minzeblättchen dekorieren.

Putenbruststreifen in Mandelhülle

350 g Putenbrustfilet

60 g blanchierte Mandeln

10 Kardamomkapseln

2 TL schwarze Pfefferkörner

Salz | 4 EL neutrales Öl

1 Zitrone | 3 Stängel frische Minze

Zubereitungszeit: 35 Min.
Pro Portion ca. 270 kcal

1 | Ofen auf 190° (Umluft 170°) vorheizen. Putenbrust von Fett und Häuten befreien, trockentupfen und in kleinfingergroße Streifen schneiden. Mandeln hacken, bis sie wie grober Bulgur aussehen. Die Kardamomkapseln aufschlitzen und die Samen herauslösen (ca. 1 TL). Pfeffer und Kardamomsamen im Mörser zerstoßen oder in einer Mühle mittelgrob mahlen und mit den Mandeln mischen.

2 | Fleischstreifen salzen, rundum in die Mandelmischung drücken und im heißen Öl von jeder Seite 1 Min. anbraten.

3 | Nebeneinander in eine feuerfeste Form legen und im Backofen (Mitte) ca. 12 Min. backen. Inzwischen die Zitrone heiß waschen, trocknen und längs in Spalten schneiden. Minze abspülen, trockenschütteln, die Blättchen abzupfen. Fleisch mit Zitrone und Minzeblättchen anrichten.

Sellerie mit Oliven und Granatapfelkernen

50 g schwarze Oliven ohne Stein

30 g Walnusskerne

1 Granatapfel

3 Stängel Petersilie

1 mittelgroße Sellerieknolle (ca. 600 g)

4 EL Olivenöl

Salz | frisch gemahlener schwarzer Pfeffer

2 EL Zitronensaft

1 TL Akazienhonig

Zubereitungszeit: 30 Min.
Ruhezeit: 30 Min.
Pro Portion ca. 190 kcal

1 | Oliven grob hacken. Walnusskerne in einer Pfanne rösten, abkühlen lassen und ebenfalls grob hacken. Den Granatapfel öffnen (s. Seite 146), 3 EL Kerne herauslösen. Den Rest anderweitig verwenden. Petersilie waschen, trockenschütteln und grob schneiden (s. Seite 146). Sellerie putzen, schälen und in feine Stifte hobeln oder schneiden.

2 | Selleriestifte in 2 EL Olivenöl unter Rühren in ca. 4 Min. bissfest garen, salzen und pfeffern. Aus dem restlichen Olivenöl, Zitronensaft, Honig, Salz und Pfeffer eine Sauce rühren, über den noch warmen Sellerie geben. Abkühlen lassen. Sellerie mit Oliven und Walnüssen mischen, mit Granatapfelkernen und Petersilie bestreuen.

Auberginen-Bistirma-Röllchen

1 Aubergine (ca. 300 g) | Salz

1 Bund glatte Petersilie

2 EL Sesamsaat

3 EL Olivenöl

frisch gemahlener schwarzer Pfeffer

1/2 Portion Hummus (s. Seite 33)

60 g Bistirma, hauchdünn geschnitten

Zubereitungszeit: 40 Min.
Ruhezeit: 20 Min.
Pro Portion ca. 370 kcal

1 | Aubergine waschen und längs in acht dünne Scheiben schneiden oder hobeln. Salzen und 20 Min. stehen lassen. Petersilie waschen, trockenschütteln, die Blättchen abzupfen, einige ganz lassen, den Rest grob hacken. Sesam in einer trockenen Pfanne rösten, bis er duftet.

2 | Auberginenscheiben mit Küchenpapier trockentupfen. Im heißen Öl von jeder Seite 1–2 Min. braten. Aus der Pfanne nehmen, auf Küchenpapier entfetten, salzen und pfeffern.

3 | Auberginenscheiben mit Hummus bestreichen. Ca. 1 TL Sesam beiseite stellen, die Auberginenscheiben mit restlichem Sesam und gehackter Petersilie bestreuen, auf jede eine Scheibe Bistirma legen. Von der kurzen Seite her aufrollen, mit der Naht nach unten auf eine Platte setzen. Mit Petersilienblättchen und übrigem Sesam bestreuen.

Chermoula-Fisch

Für die Chermoula:

2 Schalotten | 2 Knoblauchzehen

1 unbehandelte Zitrone

1/2 TL Safranfäden

Salz | 2 Bund Koriandergrün

1 Bund glatte Petersilie

6 EL Olivenöl | 1 TL gemahlener Cumin

1/2 TL edelsüßes Paprikapulver

1/4 TL Kurkumapulver | 1/4 TL Cayennepfeffer

Für den Fisch:

400 g Rotbarschfilet (möglichst dicke Stücke aus der Mitte)

2 Limetten | 1/2 Salatgurke

3 EL Mehl | Salz | Pfeffer

Zubereitungszeit: 35 Min.
Marinierzeit: 3 Std.
Pro Portion ca. 305 kcal

1 | Schalotten und Knoblauch schälen, sehr fein hacken. Zitrone abreiben. 2 EL Saft auspressen. Safranfäden mit 1/2 TL Salz zerreiben, mit Zitronensaft mischen und 10 Min. ziehen lassen. Koriander und Petersilie abspülen, die Blättchen abzupfen und fein hacken. 4 EL Öl mit Safranmischung und Gewürzen verrühren. Schalotten, Knoblauch, Koriander und Petersilie untermischen.

2 | Fisch in 12 mundgerechte Stücke schneiden. Mit der Chermoula mischen und abgedeckt im Kühlschrank mindestens 3 Std. ziehen lassen.

3 | Limetten wie einen Apfel schälen, so dass die Haut vollständig entfernt wird, und in 12 dünne Scheiben schneiden. Gurke schälen und in 12 dicke Scheiben schneiden. Auf einer Platte verteilen, auf jede Gurken- eine Limettenscheibe legen.

4 | Mehl mit Salz und Pfeffer mischen. Den Fisch abtupfen, dabei die Kräuter nicht entfernen. Im Mehl wenden, überschüssiges Mehl abklopfen. Im restlichen Öl bei mittlerer Hitze von jeder Seite ca. 2 Min. braten. Herausnehmen und auf Küchenpapier abtropfen lassen. Auf jede Gurkenscheibe ein Stück Fisch setzen und sofort servieren.

Variante: Chermoula-Hähnchen

Chermoula wie oben beschrieben zubereiten. 2 kleine Hähnchenbrustfilets à 150 g trockentupfen, von Fett und Sehnen befreien. Von der kurzen Seite eine Tasche hineinschneiden (s. Seite 146). Von innen salzen und mit je 1 EL Chermoula füllen. Jedes mit 1 weiteren EL Chermoula beträufeln und abgedeckt im Kühlschrank mindestens 3 Std., besser über Nacht, marinieren. Restliche Chermoula mit Olivenöl bedeckt kalt stellen. Ofen auf 180° (Umluft 160°) vorheizen. 1 Fleischtomate waschen und würfeln. Die Filets vorsichtig abtupfen. In 1 EL Öl von jeder Seite 1–2 Min. anbraten. In eine feuerfeste Form legen, salzen, mit den Tomatenwürfeln bedecken und diese ebenfalls salzen und pfeffern. Mit etwas Olivenöl beträufeln. Im Backofen in 12 Min. fertig garen. Hähnchenfilet schräg aufschneiden. Die Tomaten mit etwas Chermoula mischen. Heiß servieren.

Im Bild hinten: Safran-Zimt-Zwiebeln; vorne: Süß-scharfe Hähnchenleber

Süss-scharfe Hähnchenleber

1 Bund Thymian

8 schwarze Oliven ohne Stein

300 g frische Hähnchenlebern

2 kleine säuerliche Äpfel (à 120 g)

60 g Butter

frisch gemahlener schwarzer Pfeffer

Salz

100 ml Apfelsaft

2 EL Apfeldicksaft (Reformhaus, ersatzweise 1 EL Honig und 1 EL Granatapfelsirup)

2 TL Harissa

1/2 TL gemahlener Piment

Zubereitungszeit: 35 Min.
Pro Portion ca. 295 kcal

1 | Thymian abspülen, trockenschütteln, die Blättchen abstreifen. Oliven längs halbieren. Hähnchenlebern in ein Sieb geben und unter fließendem kaltem Wasser 3 Min. wässern. Lebern trockentupfen, von Fett und Sehnen befreien. Äpfel schälen, das Kerngehäuse ausstechen und jeden Apfel quer in 4 Scheiben schneiden. Jede Scheibe halbieren.

2 | 30 g Butter erhitzen, bis sie schäumt. Apfelscheiben darin bei mittlerer Hitze ca. 3 Min. von jeder Seite braten, herausnehmen und pfeffern. Restliche Butter erhitzen und die Lebern darin von jeder Seite ca. 1 1/2 Min. braten. Herausnehmen und mit Salz würzen.

3 | Den Bratsatz mit Apfelsaft ablöschen, Apfeldicksaft, Harissa und Piment zugeben. Alles aufkochen und die Lebern darin bei mittlerer Hitze noch 1 Min. nachgaren.

4 | Die Lebern auf den Apfelscheiben anrichten. Die Sauce bei starker Hitze in ca. 4 Min. sirupartig einkochen und über die Lebern träufeln. Jede Leber mit einer halben Olive dekorieren und mit Thymianblättchen bestreuen. Warm servieren.

Safran-Zimt-Zwiebeln

500 g kleine runde Zwiebeln

1/2 TL Safranfäden

1 TL Zucker

1 unbehandelte Zitrone

4 EL Olivenöl

2 EL Akazienhonig

200 ml Hühnerbrühe

3–4 kleine Lorbeerblätter

frisch gemahlener schwarzer Pfeffer

Salz

1 TL Zimtpulver

1 Msp. Cayennepfeffer

Zubereitungszeit: 1 Std.
Kühlzeit: ca. 2 Std.
Pro Portion ca. 160 kcal

1 | Zwiebeln in einer Schüssel mit kochendem Wasser übergießen. Nach 1 Min. abgießen und kalt abschrecken. Zwiebeln schälen, dabei den Wurzelansatz nur ganz knapp wegschneiden, damit die Zwiebeln später nicht auseinander fallen.

2 | Safranfäden mit dem Zucker im Mörser zerreiben, 2–3 EL warmes Wasser zugeben und den Safran ziehen lassen. Die Zitrone heiß abwaschen, trockenreiben, die Schale mit dem Sparschäler in dünnen Streifen abziehen.

3 | Zwiebeln im Olivenöl ca. 10 Min. bei mittlerer Hitze anbraten, bis sie von allen Seiten goldgelb sind. Honig zugeben und bei starker Hitze 3–4 Min. unter Rühren kräftig braten, bis der Honig eindickt. Mit Brühe ablöschen. Lorbeerblätter, Zitronenschalen, 1/2 TL Pfeffer, 1 TL Salz, Zimt und Cayennepfeffer einrühren. Alles zugedeckt 10 Min. sanft köcheln lassen, dabei ab und zu umrühren.

4 | Die Safranflüssigkeit dazugeben, alles noch einmal 10–15 Min. köcheln lassen, bis die Zwiebeln weich sind. Im Sud 1–2 Std. erkalten lassen.

Möhrenkroketten mit Aprikosen

500 g junge Möhren (Bundmöhren)

60-80 g Weißbrot vom Vortag

100 g getrocknete Aprikosen

80 g Walnusskerne

3 Zitronen, davon 1 unbehandelte

1 großes Bund glatte Petersilie

2 Zwiebeln (ca. 120 g)

3 Knoblauchzehen | 6 EL Öl

Salz | frisch gemahlener schwarzer Pfeffer

2 EL Dattelsirup (ersatzweise Akazienhonig)

1 kleines Ei (Größe S)

2 TL gemahlener Koriander

1 TL edelsüßes Paprikapulver

1–2 TL Harissa

2–3 EL Mehl

Zubereitungszeit: 55 Min.
Pro Portion ca. 470 kcal

1 | Die Möhren putzen, schälen, in Stücke schneiden und über Dampf in ca. 20 Min. weich garen. Inzwischen das Weißbrot im Blitzhacker zu Krümeln verarbeiten. Die Aprikosen hacken. Die Walnusskerne in einer Pfanne trocken rösten, abkühlen lassen und grob hacken. Die Zitronen heiß waschen und trockenreiben. Die Schale der unbehandelten Zitrone fein abreiben, den Saft auspressen. Die übrigen Zitronen längs in Achtel schneiden. Petersilie abspülen, trockenschütteln und die Blättchen abzupfen. Einige Blättchen beiseite legen, den Rest grob hacken. Zwiebeln und Knoblauch schälen, beides fein hacken.

2 | Die Zwiebeln in 2 EL Öl in 5–7 Min. glasig dünsten. Den Knoblauch dazugeben und 1 Min. andünsten. Die Aprikosen zugeben und unter Rühren 2 Min. mitdünsten, dann beiseite stellen.

3 | Die Möhren mit einem Kartoffelstampfer zerdrücken, sie sollen dabei leicht stückig bleiben. Mit Salz, Pfeffer, Dattelsirup und 2 TL Zitronensaft würzen. Möhrenmasse und Zwiebelmischung mit Brotkrümeln, Ei, Petersilie, Walnüssen, Zitronenschale und restlichen Gewürzen vermischen und mit Salz und Pfeffer abschmecken.

4 | Die Masse in 4 Portionen teilen. Aus jedem Teil 4 (oder 6 kleinere) gleich große Bälle formen (s. Seite 147). Diese im Mehl wenden, überschüssiges Mehl abklopfen und etwas flach drücken. Portionsweise im übrigen Öl bei mittlerer Hitze in 5-6 Min. goldbraun und knusprig braten. Auf Küchenpapier entfetten. Mit Petersilienblättchen und Zitronenachteln anrichten. Warm oder kalt servieren. Dazu passt ein Joghurt-Dip (s. Tipp Seite 91).

Variante mit Datteln

Aprikosen, Walnusskerne und Petersilie durch gehackte Datteln, geröstete Pinienkerne und Koriandergrün ersetzen.

Im Bild vorne: Minzige Zucchini-Röllchen; hinten: Rucola-Tomaten-Salat mit Feta

Minzige Zucchini-Röllchen

2 große Zucchini (oder 3 mittelgroße)

1 Frühlingszwiebel

1 Bund glatte Petersilie

3 Stängel Minze

2 EL Pistazienkerne

150 g Ziegenfrischkäse

2-3 EL Milch

frisch gemahlener schwarzer Pfeffer

Salz

1–2 Msp. Cayennepfeffer

1–2 Msp. Zimtpulver

1 TL Akazienhonig

ca. 3 EL Olivenöl

Zubereitungszeit: 35 Min.
Pro Portion ca. 240 kcal

1 | Den Backofen auf 200° (Umluft 180°) vorheizen. Zucchini waschen, putzen, längs in ca. 5 mm dicke Scheiben hobeln. Dabei insgesamt 12 der inneren, gleichmäßigen Scheiben verwenden. Die Frühlingszwiebel putzen und sehr fein hacken. Petersilie und Minze abspülen, trockenschütteln und die Blättchen abzupfen. Drei Viertel der Petersilienblättchen beiseite legen, den Rest und die Minze fein hacken. Pistazienkerne hacken. Ziegenfrischkäse mit Milch glatt rühren, mit Frühlingszwiebel, Pfeffer, Salz, Cayennepfeffer, Zimt und Honig pikant abschmecken.

2 | Zucchinischeiben auf einen Grillrost legen, dünn mit Olivenöl bepinseln. Die Grillfunktion zuschalten und 3 Min. grillen. Die Scheiben umdrehen, ebenfalls dünn mit Öl einpinseln und 3 Min. grillen.

3 | Die Zucchinischeiben herausnehmen, mit Küchenpapier abtupfen, salzen, pfeffern und abkühlen lassen. Die Käsecreme auf den Zucchinischeiben verteilen. Die Scheiben vorsichtig aufrollen und senkrecht auf eine Platte stellen. Ganze Petersilienblättchen dazwischenstreuen.

Rucola-Tomaten-Salat mit Feta

100 g Rucola

1/2 Bund Basilikum

125 g Kirschtomaten

50 g Walnusskerne

1 EL Sumach

1 EL Schwarzkümmel

100 g Feta

1 EL Zitronensaft

1 TL Granatapfelsirup

1 TL Harissa

1 TL Akazienhonig

Salz

frisch gemahlener schwarzer Pfeffer

3 EL Olivenöl

Zubereitungszeit: 35 Min.
Pro Portion ca. 230 kcal

1 | Den Rucola gründlich waschen, trockenschütteln, die groben Stiele abschneiden. Basilikum abspülen, trockenschütteln, die kleinen Blättchen ganz lassen und den Rest grob hacken. Kirschtomaten waschen, abtropfen lassen und je nach Größe halbieren oder vierteln.

2 | Die Walnusskerne in einer Pfanne trocken rösten (s. Seite 147), abkühlen lassen und grob hacken. Jeweils die Hälfte von Sumach und Schwarzkümmel mischen. Den Feta in kleine Würfel schneiden und in der Mischung wälzen.

3 | Zitronensaft mit Granatapfelsirup, Harissa, Honig, Salz und Pfeffer verrühren. Olivenöl tropfenweise unterschlagen.

4 | Rucola, gehacktes Basilikum, Tomaten und Walnüsse mit der Sauce mischen. Den Salat auf flachen Tellern anrichten. Die Fetawürfel darauf verteilen und mit den ganzen Basilikumblättchen garnieren. Die Tellerränder mit restlichem Sumach und Schwarzkümmel bestreuen.

Champignons mit Safran-Couscous

16 oder 20 gleichmäßig große Champignons (ca. 400 g)

2 Schalotten (ca. 60 g)

2 Knoblauchzehen

1 Bund glatte Petersilie

40 g Pistazienkerne

2 Msp. Safranfäden | Salz

150 ml heiße Hühnerbrühe

60 g Butter

frisch gemahlener schwarzer Pfeffer

100 g mittelfeiner Couscous (Instant)

1 Msp. Cayennepfeffer

1 unbehandelte Zitrone

Butter für die Form

Zubereitungszeit: 40 Min.
Backzeit: ca. 15 Min.
Pro Portion ca. 270 kcal

1 | Die Champignons trocken abreiben, putzen, Stängel herausdrehen und klein hacken. Schalotten und Knoblauch schälen, beides fein hacken. Die Petersilie abspülen und trockenschütteln. Die Blättchen abzupfen, die Hälfte ganz lassen und den Rest fein hacken. Pistazienkerne mittelfein hacken. Safranfäden mit etwas Salz im Mörser zerreiben. 2 EL Brühe zugeben und den Safran darin ziehen lassen.

2 | 20 g Butter in einer Pfanne schmelzen, bis sie schäumt. Die Schalotten darin 1–2 Min. andünsten. Knoblauch zugeben und 1 Min. mitdünsten. Die gehackten Champignonstiele zugeben und unter Rühren 2–3 Min. dünsten, salzen, pfeffern und beiseite stellen. Den Backofen auf 200° (Umluft 180°) vorheizen.

3 | Restliche heiße Brühe aufkochen, die Safranmischung zugeben, über den Couscous gießen und diesen 5–6 Min. quellen lassen. Mit 2 Gabeln auflockern, 10 g Butter untermischen. Couscous mit Champignonmischung, gehackter Petersilie und Pistazien mischen, mit Pfeffer und Cayennepfeffer würzen. Eine feuerfeste Form mit etwas Butter ausstreichen.

4 | Mit einem Teelöffel kleine Mengen von der Mischung abnehmen und fest in die Champignonköpfe drücken. Gefüllte Champignons in die Form setzen. Restliche Butter in Flöckchen darauf verteilen.

5 | Die Champignons im Backofen (Mitte) 10–15 Min. überbacken. Eventuell mit etwas Alufolie abdecken. Inzwischen die Zitrone heiß waschen, trockenreiben und längs in Achtel schneiden. Die Champignons mit Petersilienblättchen und Zitronenachteln servieren.

Tipps

Statt Hühnerbrühe können Sie Gemüsebrühe verwenden.
Die Champignons schmecken auch mit Sesamsauce (s. Seite 150) sehr gut.

Rote-Bete-Granatapfel-Salat

1 EL Limettensaft

2 EL Granatapfelsirup

2 EL Olivenöl

2 TL brauner Zucker

Salz

frisch gemahlener schwarzer Pfeffer

300 g Rote Beten (vorgekochte aus der Folie)

1 Bund Thymian

50 g Walnusskerne

1 Granatapfel

Zubereitungszeit: 30 Min.
Marinierzeit: ca. 2 Std.
Pro Portion ca. 190 kcal

1 | Aus Limettensaft, Granatapfelsirup, Olivenöl, Zucker, Salz und Pfeffer eine Sauce rühren. Die Roten Beten in kleine Würfel schneiden (ca. 6 mm). Mit der Sauce mischen und 1–2 Std. kalt stellen, dabei öfter umrühren.

2 | Thymian abspülen und trockenschütteln. Einige kleine Zweige beiseite legen. Die restlichen Blättchen abstreifen und hacken. Walnusskerne trocken rösten und grob hacken. Granatapfel öffnen und die Kerne herauslösen (s. Seite 146). Rote Beten mit Thymian und Walnüssen mischen. Mit den Granatapfelkernen bestreuen. Mit Thymianzweigen dekorieren.

Avocado-Tomaten-Paste

4–5 reife Tomaten (ca. 500 g)

1 Knoblauchzehe

40 g schwarze Oliven mit Stein

1/2 Bund Koriandergrün

2 EL Olivenöl | 1 TL Harissa

Salz | frisch gemahlener schwarzer Pfeffer

2 reife Avocados | 2 EL Zitronensaft

Zubereitungszeit: 30 Min.
Kühlzeit: 1 Std.
Pro Portion ca. 315 kcal

1 | Stielansätze der Tomaten entfernen. Tomaten kurz überbrühen, häuten, entkernen und würfeln. Knoblauch schälen. Oliven vom Stein schneiden und fein hacken. Koriander abspülen und trockenschütteln. Die Blättchen abzupfen, einige ganz lassen und den Rest hacken.

2 | Olivenöl erhitzen, den Knoblauch dazupressen und 1/2 Min. andünsten. Tomatenwürfel zugeben und bei mittlerer Hitze 2 Min. dünsten. Mit Harissa, Salz und Pfeffer würzen. Die Tomaten abkühlen lassen.

3 | Avocados längs halbieren und vom Stein befreien. Das Fruchtfleisch herauslösen, mit einer Gabel zerdrücken und sofort mit Zitronensaft beträufeln. Avocadomus mit Tomaten, Oliven und gehacktem Koriander mischen, salzen und pfeffern. Die Paste 1 Std. kalt stellen. Mit Korianderblättchen bestreut servieren.

Weisse Bohnen in Limettensenf

200 g kleine weiße Bohnenkerne

4 Stängel Dill

1 kleine Porreestange

3 EL Olivenöl | Salz

frisch gemahlener schwarzer Pfeffer

2 TL Dijonsenf | 1 TL körniger Senf

2 EL Limettensaft

1 1/2 TL Honig

Zubereitungszeit: 50 Min.
Einweichzeit: 12 Std.
Kühlzeit: 1 Std.
Pro Portion ca. 210 kcal

1 | Bohnen in reichlich kaltem Wasser 12 Std. oder über Nacht einweichen. Die Bohnen am nächsten Tag abgießen und in frischem Wasser je nach Sorte ca. 45 Min. kochen. Durch ein Sieb abgießen und salzen.

2 | Dill abspülen und trockenschütteln. Die Spitzen abzupfen und 2 EL hacken, den Rest ganz lassen. Den Porree putzen und gründlich waschen. Von dem weißen Teil ca. 2 EL hacken. Den Rest anderweitig verwenden.

3 | Aus Öl, Salz, Pfeffer, den beiden Senfsorten, Limettensaft und Honig eine Sauce rühren. Gehackten Dill und Porree untermischen. Mit den heißen Bohnen vermengen, 1 Std. abkühlen lassen, dabei ab und zu vorsichtig umrühren. Nochmals salzen und pfeffern. Mit Dillzweigen dekorieren.

Datteln mit Zimt-Frischkäse-Füllung

500 g Joghurt
(1,5 %; ersatzweise 200 g Frischkäse ohne Bindemittel)

Salz | 1 Saftorange

30 g getrocknete Berberitzen

100 g Walnusskerne | 1 EL Akazienhonig

2 TL Rosenwasser | 1/2–1 TL Zimtpulver

1 Msp. Cayennepfeffer

24 frische Datteln
(ersatzweise fleischige getrocknete, z. B. Medjool-Datteln)

Zubereitungszeit: 30 Min.
Abtropfzeit: 12 Std.
Pro Portion ca. 375 kcal

1 | Joghurt verrühren, leicht salzen. In ein mit Mull ausgelegtes Sieb geben, über eine Schüssel hängen und abgedeckt im Kühlschrank 12 Std. abtropfen lassen. Den so gewonnenen Frischkäse weiterverarbeiten.

2 | Saft der Orange auspressen. Berberitzen darin ca. 10 Min. einweichen, abgießen und dabei den Saft auffangen. Walnusskerne in einer Pfanne trocken rösten. Berberitzen und die Walnusskerne fein hacken, mischen und 2 EL davon beiseite stellen. Frischkäse mit Honig, Rosenwasser, Zimt und Cayennepfeffer verrühren. Eventuell etwas Orangensaft zugeben. Mit Salz abschmecken. Walnüsse und Berberitzen untermischen.

3 | Datteln längs einschneiden, entkernen, mit der Frischkäsemasse füllen. Mit restlicher Nuss-Berberitzen-Mischung und etwas Zimt bestreuen.

Zitronige Hähnchen-bälle mit Pistazien

300 g Hähnchenbrustfilet

40 g Fladenbrot (ersatzweise Ciabatta)

40 g gesalzene Pistazienkerne

3 unbehandelte Zitronen

1 kleines Ei (Größe S)

Salz | frisch gemahlener schwarzer Pfeffer

2 TL gemahlener Koriander

Cayennepfeffer

2 EL Mehl

3 EL Olivenöl

Zubereitungszeit: 40 Min.
Pro Portion ca. 290 kcal

1 | Hähnchenbrustfilet von Fett und Sehnen befreien, grob würfeln und im Blitzhacker zerkleinern. Brot im Blitzhacker zu Krümeln verarbeiten. Pistazien grob hacken. Zitronen heiß waschen. Von 1 Zitrone die Schale in Streifen abschneiden und sehr fein hacken. 1 EL Saft von 1/2 Zitrone auspressen.

2 | Fleisch, Brotkrümel, Pistazien, Zitronenschale und -saft mit dem Ei zu einem Teig verarbeiten. Mit Salz, Pfeffer, Koriander und Cayennepfeffer würzen.

3 | Die Fleischmasse in 4 Portionen teilen. Aus jeder Portion 6 gleich große Bällchen formen (s. Seite 147). Das Mehl in eine Schüssel geben, die Bällchen darin wenden und überschüssiges Mehl abschütteln.

4 | Die Bällchen im heißen Öl bei mittlerer Hitze 6–7 Min. braten, bis sie rundum goldbraun sind. Auf Küchenpapier entfetten. Die restlichen Zitronen längs achteln und mit den Fleischbällchen anrichten.

Tipp

Dazu passt ein Joghurt-Dip. Dafür 150 g Joghurt mit 2 TL Zitronensaft, 1 TL Olivenöl, Salz und schwarzem Pfeffer aus der Mühle glatt verrühren.

Variante: Hähnchenkroketten mit Datteln

200 g Hähnchenbrustfilet grob würfeln und im Blitzhacker zerkleinern. 100 g getrocknete Datteln entkernen und grob hacken. 2 Bund glatte Petersilie waschen und trockenschütteln. Von einem Bund die Blättchen grob hacken, von dem anderen nur die groben Stiele entfernen. 2 Scheiben Vollkorntoastbrot im Blitzhacker zu Krümeln verarbeiten.

Fleisch mit Datteln, gehackter Petersilie, Brot, 1 Ei und 1 EL ungesüßtem Granatapfelsirup verkneten. Mit Salz, Pfeffer und Cayennepfeffer abschmecken. Die Masse in 4 Portionen teilen, aus jeder Portion 3–4 daumengroße Röllchen formen. In 2 EL Mehl wenden, überschüssiges Mehl abklopfen. 3 EL Öl erhitzen, Röllchen darin in 5–6 Min. von allen Seiten goldbraun braten. Auf Küchenpapier entfetten. Mit Petersiliensträußchen dekorieren.

Dazu passt ein Dip aus 150 g Joghurt, 2–3 TL Zitronensaft, 1/2 TL Akazienhonig, Salz, 1/4 TL zerriebenem grünem Pfeffer und 1 Msp. Cayennepfeffer.

Paprikasalat mit Chili und Rucola

4–5 rote Paprikaschoten (ca. 1 kg)

2 rote Chilischoten

2 Knoblauchzehen

2 kleine Frühlingszwiebeln

2 EL Olivenöl | 1 EL Limettensaft

Salz | frisch gemahlener schwarzer Pfeffer

2 Bund Rucola

Backpapier für das Blech

Zubereitungszeit: 40 Min.
Marinierzeit: ca. 2 Std.
Pro Portion ca. 95 kcal

1 | Den Backofen auf 200° (Umluft 180°) vorheizen. Die Paprikaschoten waschen, vierteln, putzen und mit der Schnittfläche nach unten auf ein mit Backpapier ausgelegtes Backblech setzen. Die Grillfunktion zuschalten. Die Paprikaschoten 15–20 Min. grillen, bis sie schwarz werden und Blasen bilden. Herausnehmen, mit einem feuchten Küchenhandtuch bedecken und 10 Min. ruhen lassen. Die Paprikaviertel häuten und in Streifen schneiden.

2 | Inzwischen die Chilischoten waschen, längs aufschlitzen, putzen und fein würfeln. Den Knoblauch schälen. Frühlingszwiebeln waschen und putzen. Beides fein hacken.

3 | Aus Olivenöl, Limettensaft, Salz und Pfeffer eine Sauce rühren. Paprikastreifen mit Chili, Knoblauch und Frühlingszwiebeln mischen und mit Sauce beträufeln. Zugedeckt 1–2 Std. ziehen lassen, dabei ab und zu vorsichtig wenden. Den Rucola abspülen, trockenschütteln und grob hacken. Unter den Salat mischen und sofort servieren.

Das Rösten verstärkt das Aroma und die natürliche Süße der Paprika.

Variante mit Koriander

Den Rucola durch grob gehacktes Koriandergrün ersetzen.

Cremige Variante mit Tahina-Sauce

Die Paprikaschoten wie oben vorbereiten. 2 grüne Chilischoten fein hacken und darüber streuen. Je 1 EL Olivenöl und Limettensaft mit Salz und Pfeffer verrühren. Paprikaviertel darin marinieren. 2 EL Tahina mit 1 EL Limettensaft verrühren. Esslöffelweise warmes Wasser zugeben, bis die Sauce dicklich-cremig wird. Paprikastreifen mit der Sauce anrichten und mit geröstetem Sesam bestreuen.

Tipp

Dazu schmeckt knackig-scharfes Fladenbrot. Arabisches Fladenbrot in Streifen schneiden, mit Olivenöl einpinseln, mit Cayennepfeffer und fein gehacktem Knoblauch bestreuen. Im vorgeheizten Backofen (Mitte) bei 180° (Umluft 160°) in 4-5 Min. knusprig backen. Heiß zum Salat servieren.

MEZZE OPULENT

EIN FEST FÜR DIE SINNE: KÖSTLICHKEITEN WIE AUS DEM PALAST DES SULTANS

DIE REZEPTE

Grüner Spargel mit Safran-Mandel-Sauce

Im Bild Seite 96 links unten

1/4 TL Safranfäden | 1/2 TL Zucker

50 ml Orangensaft

2 große Zitronen | 1 Romanasalatherz

1 kleine Schalotte | 1 EL Butter

200 ml Gemüsefond | 1 kleines Lorbeerblatt

80 g weißes Mandelmus (Reformhaus)

Salz | frisch gemahlener schwarzer Pfeffer

1 Prise Cayennepfeffer

12 dicke oder 20 dünne grüne Spargelstangen

Zubereitungszeit: 50 Min.
Pro Portion ca. 190 kcal

1 | Die Safranfäden mit dem Zucker im Mörser fein zerreiben. Im Orangensaft ca. 10 Min. einweichen. Die Zitronen heiß abwaschen, trockenreiben, längs halbieren und vollständig aushöhlen, dabei den Saft auffangen. Die Böden der Zitronenhälften flach anschneiden, so dass sie gut stehen. Den Salat in einzelne Blätter teilen, waschen und trockenschleudern.

2 | Die Schalotte schälen und sehr fein hacken. In der Butter 2 Min. sanft andünsten, mit dem Gemüsefond ablöschen. Mit Lorbeerblatt aufkochen und 5 Min. köcheln lassen. Das Mandelmus einrühren, unter Rühren ca. 3 Min. köcheln lassen, bis die Sauce eindickt. Safranmischung einrühren. Noch einige Minuten köcheln lassen, bis die Konsistenz einer Mayonnaise erreicht ist. Lorbeerblatt entfernen. Mit Salz, Pfeffer, Cayennepfeffer und einem Spritzer Zitronensaft abschmecken.

3 | Den Spargel waschen, putzen und unteres Drittel schälen. In kochendem Salzwasser je nach Dicke 2–3 Min. kochen. Herausnehmen, kalt abschrecken und abtropfen lassen.

4 | Die Zitronen-»Schälchen« mit Safransauce füllen und jeweils 1–2 Salatblätter hineinstecken. Spargel dazu servieren.

Tipp

Die Safran-Mandel-Sauce kann heiß wie eine Sauce Hollandaise oder kalt wie eine Mayonnaise verwendet werden.

Entenbrust mit Berberitzenreis

Im Bild Seite 96 oben

150 g Basmatireis | 300 ml Orangensaft

1 EL Zucker | 2 EL Walnussöl

1 TL getrockneter grüner Pfeffer | Salz

220 ml Hühnerbrühe | 1 Entenbrust (ca. 300 g)

frisch gemahlener schwarzer Pfeffer

1–2 TL Arabisches Orangengewürz (s. Seite 149)

3 EL Butter | 1/4 TL gemahlener Kardamom

2 EL getrocknete Berberitzen

40 g Mandelstifte | 1 TL Zucker

Zubereitungszeit: 1 Std. 10 Min.
Pro Portion ca. 520 kcal

1 | Basmatireis 30 Min. in kaltem Wasser einweichen. Inzwischen Orangensaft mit Zucker auf 100 ml einkochen lassen. Das Öl tropfenweise mit dem Schneebesen unterschlagen, bis eine sämige Sauce entsteht. Grünen Pfeffer im Mörser zerstoßen, zugeben und die Sauce salzen. Die Brühe erhitzen.

2 | Den Backofen auf 180° (Umluft 160°) vorheizen. Entenbrust von Sehnen befreien, die Hautseite mehrmals kreuzweise einritzen. Fleisch mit Pfeffer, Orangengewürz und Salz einreiben. Auf der Hautseite ohne zusätzliches Fett bei geringer Hitze anbraten, bis das Fett anfängt zu schmelzen. Bei mittlerer Hitze ca. 6 Min. weiterbraten. Wenden und die andere Seite ca. 3 Min. braten. In eine feuerfeste Form legen und im Ofen (Mitte) in 10–12 Min. fertig garen.

3 | Inzwischen den Reis abtropfen lassen. In 1 EL Butter unter Rühren 2–3 Min. andünsten. Mit der heißen Brühe ablöschen, aufkochen lassen, mit Kardamom würzen und zugedeckt bei geringer Hitze in 10–12 Min. ausquellen lassen.

4 | Berberitzen in kaltem Wasser 10 Min. einweichen. Mandelstifte in einer trockenen Pfanne goldgelb rösten. Berberitzen abgießen. Restliche Butter erhitzen, bis sie schäumt. Berberitzen darin ca. 1/2 Min. anschmoren. Zucker unterrühren und sofort mit den Mandeln unter den Reis mischen. Sauce erhitzen. Entenbrust schräg in dünne Scheiben aufschneiden, mit Reis und Sauce anrichten.

Im Bild vorne: Tomatengelee auf Joghurt-Rucola-Dressing; hinten: Artischockenböden mit Korianderpaste und Doradenfilets

Artischockenböden mit Doradenfilets

4 frische Artischockenböden (küchenfertig vorbereitet, s. Seite 75)

Salz | 1/2 Zitrone

2 Bund Koriandergrün

1 Knoblauchzehe

1 kleiner Kopf Radicchio

100 g Pistazienkerne

6–7 EL Olivenöl

1/2–1 TL Harissa | Zitronensaft

4 Doradenfilets (à 80 g)

frisch gemahlener schwarzer Pfeffer

1 EL Mehl

Zubereitungszeit: 50 Min.
Pro Portion ca. 430 kcal

1 | Die Artischockenböden in kochendem Salzwasser mit der Zitronenhälfte ca. 20 Min. kochen. Herausnehmen, abkühlen und beiseite stellen.

2 | Inzwischen das Koriandergrün abspülen und trockenschütteln. Die Blättchen abzupfen, einige beiseite legen, den Rest grob hacken. Knoblauch schälen und grob hacken. Radicchio putzen, waschen und trockenschleudern. 4 gleich große Blätter beiseite legen, den Rest in feine Streifen schneiden.

3 | Knoblauch und Pistazien im Mixer pürieren, nach und nach gehackten Koriander und 3 EL Olivenöl zugeben. Mit Harissa, Salz und einigen Spritzern Zitronensaft abschmecken.

4 | Fischfilets pfeffern, salzen und im Mehl wenden. In 1–2 EL Öl auf der Hautseite 2–3 Min. braten, wenden und 1 Min. auf der anderen Seite braten. Herausnehmen und warm halten. Restliches Öl erhitzen, die Artischockenböden leicht braten, bis sie goldgelb sind. Radicchioblätter zugeben und kurz mitbraten.

5 | Artischockenböden auf Tellern anrichten. Mit je 1 Filet belegen, je 1 Radicchioblatt daneben legen. Alles mit Korianderpaste beträufeln. Mit Radicchiostreifen und Korianderblättchen dekorieren.

Tomatengelee auf Rucola-Joghurt

1 kg reife aromatische Tomaten

2 Bund Koriandergrün | 1 EL Zucker

Salz | 6 Blatt weiße Gelatine

100 g Rucola

150 g Joghurt (3,5 %)

100 g Frischkäse (ersatzweise Ziegenfrischkäse)

1–2 TL Akazienhonig

frisch gemahlener schwarzer Pfeffer

1–2 TL Zitronensaft

Zubereitungszeit: 40 Min.
Abtropfzeit: über Nacht
Gelierzeit: ca. 4 Std.
Pro Portion ca. 160 kcal

1 | 1 feste Tomate beiseite legen. Den Rest in grobe Stücke schneiden. 1 1/2 Bund Koriandergrün abspülen, trockenschütteln und die Blättchen hacken. Mit Tomatenstücken, Zucker und 2 TL Salz pürieren. In ein Haarsieb geben, im Kühlschrank über Nacht abtropfen lassen. Das Püree nicht ausdrücken, damit die austretende klare Tomatenessenz nicht trüb wird.

2 | Übrige Tomate heiß überbrühen, häuten, entkernen und würfeln. Übriges Koriandergrün abspülen und die Blättchen abzupfen. Tomatenwürfel und Korianderblättchen in 4 kleine Förmchen geben. 2 Blatt Gelatine ca. 5 Min. in kaltem Wasser einweichen. Ausdrücken und unter Rühren erwärmen, bis sie gelöst ist. 160 ml Tomatenessenz nach und nach unter die Gelatine rühren. Tomatenwürfel und Korianderblättchen damit bedecken, alles gelieren lassen.

3 | Von der Tomatenessenz 340 ml abmessen. Übrige Gelatine einweichen, ausdrücken, auflösen und mit der Essenz mischen. In die Förmchen gießen, im Kühlschrank fest werden lassen.

4 | Rucola waschen, grobe Stiele abschneiden. Einige Blätter ganz lassen, den Rest hacken. Mit Joghurt und Frischkäse fein pürieren. Mit Honig, Salz, Pfeffer und Zitronensaft würzen.

5 | Sobald das Gelee fest ist, die Förmchen in heißes Wasser tauchen, das Gelee auf Teller stürzen. Rucola-Dressing drumherum gießen. Mit Rucolablättern dekorieren.

Im Bild vorne: Zanderfilet auf Koriander-Petersilien-Sauce; hinten: Safran-Coucous mit Limettengarnelen

Safran-Couscous mit Limettengarnelen

1 Msp. Safranfäden | 1 Prise Zucker

70 g mittelfeiner Couscous (Instant)

Salz | 120 ml Gemüse- oder Hühnerbrühe

1 Schalotte | 3 EL Butter

2 unbehandelte Limetten

100 g Ricotta | 1 Msp. Cayennepfeffer

3 Zucchini (à 200 g) | 3–4 EL Olivenöl

frisch gemahlener schwarzer Pfeffer

12 rohe geschälte Garnelen

Zubereitungszeit: 40 Min.
Pro Portion ca. 350 kcal

1 | Die Safranfäden mit Zucker im Mörser zerreiben. In 2 EL warmem Wasser einweichen. Couscous mit etwas Salz mischen. Brühe zum Kochen bringen, mit Safran mischen und über den Couscous gießen. Umrühren und den Couscous 5–6 Min. quellen lassen. Schalotte schälen, fein hacken und in 1 EL Butter kurz andünsten und mit einer Gabel unter den Coucous mischen. Couscous abkühlen lassen. Limetten heiß waschen, trockenreiben und halbieren. Aus der Mitte 4 Scheiben schneiden. Den Saft der restlichen Limetten auspressen. Ricotta unter den Couscous mischen. Couscous mit Cayennepfeffer und Limettensaft kräftig abschmecken und beiseite stellen.

2 | Den Backofen auf 220° (Umluft 200°) vorheizen. Zucchini waschen, putzen und auf einem Hobel längs in 12 ca. 5 mm dicke Scheiben hobeln, dabei nur gleichmäßige Scheiben aus der Mitte weiterverarbeiten, den Rest anderweitig verwenden. Grillfunktion zuschalten. Zucchinischeiben dünn mit Olivenöl einpinseln und von jeder Seite 2–3 Min. grillen. Herausnehmen, mit Küchenpapier abtupfen. Mit Salz und Pfeffer würzen.

3 | Zucchinistreifen locker zu kleinen »Förmchen« aufrollen. Jeweils 3 Stück auf 4 kleine feuerfeste Förmchen arrangieren. Die Zucchini-»Förmchen« mit Couscous füllen. Im Backofen (Mitte) 3–4 Min. überbacken.

4 | Garnelen in je 1 EL Öl und Butter von jeder Seite ca. 1 Min. braten. Herausnehmen, mit Limettensaft beträufeln, salzen und pfeffern. Auf jedes Zucchini-»Förmchen« 1 Garnele setzen. Mit Limettenscheiben dekorieren und sofort servieren.

Zanderfilet auf Koriander-Petersilien-Sauce

1 kleine Zwiebel (ca. 40 g)

2 EL Koriandersamen

100 ml Gemüsebrühe

100 g Sahne | 1 Bund glatte Petersilie

1 Bund Koriandergrün

2 Limetten | 1 Zanderfilet (ca. 300 g)

Salz | frisch gemahlener schwarzer Pfeffer

1 TL Mehl | 2 EL Olivenöl

Zubereitungszeit: 40 Min.
Pro Portion ca. 200 kcal

1 | Zwiebel schälen und fein hacken. Koriandersamen in einer Pfanne ohne Fett trocken rösten, bis sie duften. Im Mörser zerstoßen. Brühe mit Zwiebel und der Hälfte der Koriandersamen 10 Min. köcheln lassen. Sahne zugeben und weitere 5 Min. köcheln lassen.

2 | Inzwischen Petersilie und Koriandergrün abspülen und trockenschütteln. Die Blättchen abzupfen, einige beiseite stellen, den Rest fein hacken. Limetten heiß waschen, trockenreiben, halbieren und von 1/2 Limette 2 EL Saft auspressen. Den Rest in Scheiben schneiden.

3 | Zanderfilet trockentupfen, mit restlichen Koriandersamen bestreuen, salzen, pfeffern, mit 1 TL Mehl bestäuben. Im Öl auf der Hautseite 3–4 Min. braten, wenden und auf der anderen Seite 1–2 Min. braten. Herausnehmen und warm stellen.

4 | Petersilie und Koriandergrün zur Sauce geben und mit dem Pürierstab pürieren. Die Sauce leicht erwärmen, mit dem Limettensaft und Salz abschmecken.

5 | Zanderfilet in 4 Portionen teilen und auf der Sauce anrichten. Mit Limettenscheiben und Korianderblättchen dekorieren.

Tipp

Mit dem Zitronenreis (s. Seite 154) wird daraus ein feines leichtes Sommer-Essen.

Gefüllte Hähnchenbrust auf Aprikosen-Rosmarin-Sauce

Für die Sauce:

100 g getrocknete Aprikosen (»Soft-Früchte«)

2–3 Schalotten

2 EL Olivenöl

200 ml Fleischbrühe

2 kleine Zweige Rosmarin

1 TL Granatapfelsirup

frisch gemahlener schwarzer Pfeffer

1–2 Msp. Cayennepfeffer | Salz

Für die Füllung:

8 getrocknete Datteln

10 Walnusskerne

4 Scheiben Bistirma

2 EL Olivenöl

2 Hähnchenbrustfilets (ca. 300 g)

Salz | frisch gemahlener schwarzer Pfeffer

Außerdem: 2 Zahnstocher

Zubereitungszeit: 50 Min.
Backzeit: ca. 14 Min.
Pro Portion ca. 370 kcal

1 | Die Aprikosen hacken. Die Schalotten schälen und fein hacken. In 1 EL Olivenöl ca. 2 Min. andünsten. Aprikosen zugeben und unter Rühren 2 Min. mitdünsten. Mit der Fleischbrühe ablöschen, die Sauce ca. 15 Min. köcheln lassen, dabei ab und zu umrühren.

2 | Inzwischen für die Füllung die Datteln längs aufschlitzen, entkernen und jeweils 1/2 Walnusskern hineinstecken. Die restlichen Walnusskerne grob hacken und beiseite stellen. Die Bistirmascheiben längs halbieren, je einen Streifen um jede Dattel wickeln. Datteln in 1 EL Öl von jeder Seite 1 Min. anbraten. Herausnehmen und etwas abkühlen lassen.

3 | Den Backofen auf 180° (Umluft 160°) vorheizen. Hähnchenbrustfilets von Fett und Sehnen befreien. An der kurzen Seite der Filets vorsichtig eine Tasche schneiden (s. Seite 146). Zweimal 2 Datteln längs nebeneinander hineinschieben. Jeweils mit einem Zahnstocher zustecken. Das Fleisch salzen und pfeffern. Im restlichen Öl von jeder Seite 2 Min. anbraten und in einer feuerfesten Form im Backofen (Mitte) in 12–14 Min. fertig garen.

4 | Inzwischen den Rosmarin abspülen, trockenschütteln und in kleine Zweige schneiden. Einige Nadeln abzupfen und fein hacken (ca. 1 TL). Die Sauce mit dem Pürierstab pürieren, mit Granatapfelsirup, Pfeffer, Cayennepfeffer und etwas Salz scharfpikant abschmecken. Gehackten Rosmarin untermischen.

5 | Die Filets in Scheiben schneiden. Daneben die Sauce anrichten, mit gehackten Walnüssen bestreuen und mit den Rosmarinzweigen dekorieren.

Honig-glasierte Täubchen

2 kleine Bresse-Tauben (à 350 g; küchenfertig vorbereitet, mit ausgelösten Herzen und Lebern)

120 g Hähnchenbrustfilet

2 Schalotten | 3 EL Butterschmalz

Salz | frisch gemahlener schwarzer Pfeffer

Cayennepfeffer | Zimtpulver

Muskatnuss, frisch gerieben

1 Bund glatte Petersilie | 2 Stängel Minze

20 g blanchierte Mandeln

1 Scheibe Vollkorntoastbrot

3–4 EL Sahne | 1/4 l Hühnerbrühe

250 g Kirschtomaten | 50 g Sultaninen

2–3 EL Akazienhonig

Außerdem: 2 Zahnstocher

Zubereitungszeit: 50 Min.
Backzeit: ca. 40 Min.
Pro Portion ca. 340 kcal

1 | Tauben gründlich waschen, mit Küchenpapier trockentupfen. Innereien abspülen, ebenfalls trockentupfen, säubern und fein hacken. Hähnchenbrustfilet von Sehnen und Fett befreien, fein hacken. Schalotten schälen, fein würfeln, in 1 EL Butterschmalz andünsten. Fleisch zugeben, bei mittlerer Hitze rundum kurz anbraten. Herausnehmen, mit Salz, Pfeffer, Cayennepfeffer, Zimt und Muskatnuss würzen. Fleisch abkühlen lassen

2 | Inzwischen Petersilie und Minze abspülen und trockenschütteln. Petersilienblättchen fein hacken, Minzeblättchen beiseite legen. Mandeln grob hacken. Toastbrot im Blitzhacker zu Krümeln verarbeiten. Den Backofen auf 200° (Umluft 180°) vorheizen. Fleisch mit Brotkrümeln und Sahne mischen und pürieren. Gehackte Mandeln und Petersilie untermischen. Täubchen von innen salzen und pfeffern. Mit der Fleischmasse füllen, mit Zahnstochern zustecken.

3 | In einem Bräter das restliche Butterschmalz erhitzen. Tauben von allen Seiten in 5–6 Min. anbraten, ca. ein Drittel der Hühnerbrühe angießen. Tauben im Ofen (Mitte) ca. 30 Min. braten. Zwischendurch immer wieder etwas Brühe angießen und die Täubchen mit dem Bratfond bepinseln.

4 | Inzwischen die Stielansätze von den Tomaten entfernen. Tomaten kurz überbrühen, häuten und halbieren. Mit den Sultaninen zu den Tauben in den Bräter geben. Tauben mit Honig bestreichen, mit Salz und Pfeffer würzen und weitere 10 Min. braten.

5 | Die Tauben herausnehmen. Mit der Geflügelschere die Brustseite durchtrennen, mit einem scharfen Messer die Füllung und den Rücken durchschneiden. Die Täubchenhälften mit der Tomaten-Sultaninen-Mischung anrichten, mit Minzeblättchen dekorieren.

Tipp

Dazu passt Orangen-Reis (s. Seite 154) oder Safran-Reis (s. Seite 154).

Hähnchen in Senf-Mandel-Sauce

2 kleine Hähnchenbrustfilets (ca. 300 g)

100 ml Weißweinessig

2 Lorbeerblätter | 2–3 Pimentkörner

2 Gewürznelken

75 g blanchierte Mandeln

Salz | 1 EL Olivenöl

20 g brauner Zucker | 1/2 TL Kurkumapulver

2–3 TL Dijonsenf

frisch gemahlener schwarzer Pfeffer

1/2 gelbe Paprikaschote

2 Zweige Thymian

1/2 TL edelsüßes Paprikapulver oder Kurkumapulver

Zubereitungszeit: 35 Min.
Pro Portion ca. 245 kcal

1 | Hähnchenbrustfilets von Sehnen und Fett befreien. 80 ml Essig mit ca. 300 ml Wasser, Lorbeerblättern, Piment und Nelken aufkochen. Fleisch einlegen und bei geringer Hitze in ca. 10 Min. garen. Vom Herd nehmen, im Sud abkühlen lassen.

2 | Mandeln im Blitzhacker sehr fein mahlen. Mit Salz, Öl, Zucker, Kurkuma, Senf und restlichem Essig pürieren. Nach und nach 2–3 EL Sud untermixen, bis die Sauce cremig ist. Mit Salz und Pfeffer abschmecken.

3 | Das Fleisch aus dem Sud nehmen und in mundgerechte Stückchen schneiden. Paprikaschote waschen, entkernen und fein würfeln. Thymian waschen, trockenschütteln und in kleine Zweige teilen.

4 | Fleischstückchen mit der Senf-Mandel-Sauce auf kleinen Tellern anrichten. Mit Paprikawürfeln bestreuen und mit Thymianzweigen dekorieren. Den Tellerrand mit Paprika- oder Kurkumapulver bestäuben.

Kalt oder warm – das ist hier die Frage. Die Vorspeise schmeckt in jedem Fall köstlich!

Fruchtig-scharfe Frischkäse-Röllchen

3 Frühlingszwiebeln

60 g getrocknete Aprikosen (»Soft-Früchte«)

25 g Pistazienkerne

100 g Doppelrahmfrischkäse

100 g Ziegenfrischkäse

2 TL Harissa

170 g Yufkateig (rechteckig geschnitten)

1 Ei

Backpapier für das Blech

Zubereitungszeit: 25 Min.
Backzeit: ca. 15 Min.
Pro Portion ca. 370 kcal

1 | Den Backofen auf 190° (Umluft 170°) vorheizen. Die Frühlingszwiebeln waschen, putzen und sehr fein hacken. Die Aprikosen sehr fein würfeln. Die Pistazienkerne hacken. Frischkäse und Ziegenfrischkäse glatt rühren, mit Harissa, den Frühlingszwiebeln, Aprikosen und Pistazien mischen.

2 | Den Yufkateig vorsichtig auseinander falten und in 12 Rechtecke von ca. 12 x 15 cm schneiden. Auf die untere Hälfte je 1 TL Frischkäse setzen und verstreichen, dabei rechts und links einen Rand von ca. 1 cm frei lassen. Die Teigrechtecke aufrollen und mit der Nahtstelle nach unten auf ein mit Backpapier ausgelegtes Backblech legen.

3 | Das Ei verquirlen. Die Röllchen damit bestreichen und im Backofen (Mitte) ca. 15 Min. backen, bis sie goldgelb und knusprig sind.

Würzige Variante mit Aubergine

1 kleine Aubergine längs in Scheiben schneiden, salzen und 20 Min. stehen lassen. Die Scheiben mit Küchenpapier abtupfen, in der Pfanne in Olivenöl von jeder Seite 1–2 Min. braten. Auf Küchenpapier entfetten. Die Auberginenscheiben klein würfeln und mit gehacktem Basilikum mischen. Die Füllung wie oben beschrieben zubereiten, dabei die Aprikosen durch Auberginenwürfel ersetzen.

Wachteln mit Walnusspflaumen

2 Wachteln (à 180-200 g; küchenfertig vorbereitet)

5 Schalotten

6 Walnusskerne

12 getrocknete Pflaumen (»Soft-Früchte«)

1 große rote Chilischote (30–40 g)

1 Zweig Rosmarin | Salz

frisch gemahlener schwarzer Pfeffer

1 EL Olivenöl | 1 Lorbeerblatt

200 ml roter Traubensaft

100 ml Hühnerbrühe

4 kleine Stängel Petersilie

1/4 TL gemahlener Kardamom

1 Msp. Cayennepfeffer

Zubereitungszeit: 50 Min.
Pro Portion ca. 360 kcal

1 | Die Wachteln mit einem schweren Messer längs halbieren, die Flügelspitzen abschneiden. Wachteln kalt abspülen und mit Küchenpapier trockentupfen.

2 | Den Backofen auf 200° (Umluft 180°) vorheizen. Schalotten schälen und längs vierteln. Walnusskerne halbieren, in jede Pflaume ein Walnussstück stecken. Chilischote waschen, längs aufschlitzen, entkernen und fein hacken. Rosmarin abspülen, trockenschütteln und in 2–3 Stücke schneiden.

3 | Die Wachtelhälften salzen und pfeffern. Im heißen Olivenöl auf der Hautseite 2–3 Min. kräftig anbraten. Herumdrehen, Schalotten zugeben und 1 Min. mitbraten. Pflaumen, Chilischote, Rosmarin und Lorbeerblatt zugeben, mit der Hälfte des Traubensaftes ablöschen.

4 | Im Backofen (Mitte) ca. 15 Min. garen, dabei nach und nach die Hühnerbrühe angießen. Inzwischen die Petersilie abspülen und trockenschütteln.

5 | Wachteln herausnehmen, Pflaumen und Schalotten aus dem Sud schöpfen und mit den Wachteln warm halten. Sud und restlichen Traubensaft bei starker Hitze sirupartig einkochen. Mit Kardamom und Cayennepfeffer abschmecken.

6 | Wachteln mit Pflaumen und Schalotten auf Tellern anrichten, mit dem Traubensirup beträufeln. Mit den Petersilienstängeln dekorieren.

Die scharfe Traubensauce ist ein köstlicher Kontrast zu den süßen Pflaumen.

Säuerlich-fruchtige Variante mit Apfel

1 Apfel schälen, klein würfeln und 5 Min. vor Ende der Garzeit statt der Pflaumen zu den Wachteln geben. Den Traubensaft durch Apfelsaft ersetzen. Für die besondere Würze vor dem Braten 3-4 Salbeiblätter unter die Haut der Wachteln schieben.

Hähnchenkeulen mit Safran und Kichererbsen

4 Hähnchenunterkeulen (à 80–90 g)

1 Bund Thymian

2 unbehandelte Zitronen

4 EL Olivenöl

1 1/2–2 TL Harissa

2 EL Tomatenmark

1 TL getrockneter Oregano

1 TL gemahlener Koriander

Salz | 1/2 TL Safranfäden

1–2 Knoblauchzehen

200 ml Hühnerbrühe

125 g gekochte Kichererbsen (ersatzweise aus der Dose)

frisch gemahlener schwarzer Pfeffer

Zubereitungszeit: 50 Min.
Marinierzeit: 30 Min.
Backzeit: ca. 20 Min.
Pro Portion ca. 315 kcal

1 | Die Hähnchenkeulen abspülen und mit Küchenpapier trockentupfen. Den Thymian abspülen und trockenschütteln. 4 Zweige beiseite legen, den Rest hacken.

2 | Die Zitronen heiß waschen, trockenreiben und halbieren. Aus der Mitte jeweils 2 Scheiben schneiden. Von dem Rest 2 EL Saft auspressen.

3 | Die Hälfte des gehackten Thymians mit 2 EL Öl, 1 EL Zitronensaft, Harissa, 1 TL Tomatenmark, Oregano, Koriander und Salz mischen. Hähnchenkeulen damit bestreichen und 30 Min. marinieren.

4 | Inzwischen Safran mit etwas Salz im Mörser zerreiben. In 2–3 EL warmem Wasser einweichen. Knoblauch schälen und fein hacken.

5 | Den Backofen auf 200° (Umluft 180°) vorheizen. Die Keulen aus der Marinade nehmen und abtupfen, restliche Marinade beiseite stellen.

6 | Die Keulen in einer Pfanne in 2 EL Öl von allen Seiten 4 Min. scharf anbraten. In einer feuerfesten Form im Backofen (Mitte) in ca. 20 Min. fertig backen.

7 | Knoblauch in der Pfanne im Bratsatz anbraten, mit der Brühe ablöschen. Safranwasser und 1 EL Zitronensaft zugeben. Restliches Tomatenmark und übrige Marinade einrühren. Alles bei geringer Hitze ca. 5 Min. köcheln lassen. Kichererbsen und restlichen gehackten Thymian zugeben und weitere 10 Min. köcheln lassen, bis die Sauce dicklich ist. Mit Salz und Pfeffer abschmecken.

8 | Die Keulen auf der Sauce anrichten. Mit Thymianzweigen und Zitronenscheiben dekorieren.

Aprikosenhähnchen mit Pistazien-Couscous

400 ml Orangensaft

1/2 TL Zimtpulver

1 Msp. Cayennepfeffer

1–2 Msp. edelsüßes Paprikapulver

100 g getrocknete Aprikosen

1 großes Hähnchenbrustfilet (250–300 g)

Salz | 3 1/2 EL Olivenöl

4 Stängel Koriandergrün

1 kleiner Zweig Rosmarin

1 1/2 TL getrockneter grüner Pfeffer

1 zarte Frühlingszwiebel | 50 g Pistazienkerne

100 g mittelfeiner Couscous (Instant)

1/4 TL Kurkumapulver | 150 ml Hühnerbrühe

Zubereitungszeit: 55 Min.
Einweichzeit: ca. 3 Std.
Backzeit: ca. 12 Min.
Pro Portion ca. 410 kcal

1 | Orangensaft erwärmen, mit Zimt, Cayennepfeffer und Paprikapulver würzen. Aprikosen darin 2–3 Std. einweichen. Im Sieb abtropfen lassen, vorsichtig ausdrücken, dabei den Saft auffangen. Den Backofen auf 180° (Umluft 160°) vorheizen.

2 | Hähnchenbrustfilet von Sehnen und Fett befreien. An der kurzen Seite eine Tasche einschneiden (s. Seite 146). Das Filet von außen und innen salzen. Die Hälfte der Aprikosen einfüllen. Filet in einer Pfanne in 2 EL Öl von beiden Seiten je 2 Min. anbraten. In einer feuerfesten Form im Backofen (Mitte) in 10–12 Min. fertig garen.

3 | Kräuter abspülen und trockenschütteln. Die Korianderblättchen abzupfen, die Rosmarinnadeln fein hacken. Grünen Pfeffer im Mörser zerstoßen. Frühlingszwiebel waschen und putzen, das Weiße sehr klein hacken, das Grüne in feine Ringe schneiden. 30 g Pistazien fein mahlen und den Rest grob hacken.

4 | Aufgefangenen Orangensaft erhitzen. Restliche Aprikosen zugeben und pürieren. Mit 1 EL gehackten Rosmarin und zwei Dritteln des grünen Pfeffers würzen und offen 10–15 Min. köcheln lassen, bis die Sauce eingedickt ist.

5 | Couscous mit Kurkuma, den gemahlenen Pistazien, restlichem grünen Pfeffer und 1 EL Öl mischen. Zwiebelweiß im übrigen Öl 2 Min. andünsten. Brühe angießen, aufkochen, über den Couscous gießen. Couscous in 5–7 Min. ausquellen lassen.

6 | Couscous mit der Gabel etwas auflockern, gehackte Pistazien und Zwiebelgrün untermischen. In 4 Timbaleförmchen oder Tassen füllen und auf Teller stürzen. Hähnchenbrustfilet aufschneiden, neben dem Couscous anrichten und mit Sauce beträufeln. Mit Korianderblättchen dekorieren.

Tipp

Pistazien-Couscous passt auch gut zu Fisch oder Garnelen. Dafür die Hühner- durch Gemüsebrühe ersetzen und 1 TL fein abgeriebene Zitronenschale und 1 EL gehackte Petersilie untermischen.

Wachteleier auf Gemüsetürmchen

1 kleine Aubergine (ca. 200 g)

Salz | 1–2 Tomaten

2 Stängel Petersilie

3 EL Olivenöl

1 EL Butter

4 Wachteleier

1/2 Portion Hummus (s. Seite 32)

frisch gemahlener schwarzer Pfeffer

Zubereitungszeit: 40 Min.
Pro Portion ca. 340 kcal

1 | Aubergine waschen, putzen, quer in Scheiben schneiden, salzen und ca. 20 Min. stehen lassen. Inzwischen die Tomaten waschen und ohne die Stielansätze quer in Scheiben schneiden. Petersilie abspülen, trockenschütteln und die Blättchen abzupfen. Auberginenscheiben mit Küchenpapier abtupfen.

2 | Die Auberginenscheiben in 2 EL Olivenöl von jeder Seite ca. 1 1/2 Min. braten. Auf Küchenpapier entfetten. Restliches Olivenöl erhitzen, Tomatenscheiben darin ca. 1 Min. andünsten. Gleichzeitig in einer kleinen Pfanne die Butter schmelzen. Die Wachteleier wie Spiegeleier darin braten.

3 | Auf jede Auberginenscheibe etwas Hummus geben, darauf je 1 Tomatenscheibe und 1 Wachtelspiegelei setzen. Mit Salz und Pfeffer würzen. Mit Petersilienblättchen dekorieren.

Die winzigen Wachteleier sind wie geschaffen für kleine, feine Vorspeisen.

Variante: Kalte Gemüsetürmchen

2 gekochte Kartoffeln in Scheiben schneiden, in 1 EL Olivenöl braten, mit Thymian, Salz und schwarzem Pfeffer würzen. 2 gekochte Rote Beten und 100 g geschälte Gurke in gleich große Scheiben schneiden, salzen und pfeffern. Gurkenscheiben jeweils mit etwas Hummus (s. Seite 33) bestreichen und aufeinander türmen. Wachteleier in 5 Min. hart kochen, schälen und halbieren. Auf jedes Türmchen 1/2 Ei setzen. Mit Sumach und Schwarzkümmel bestreuen, mit 1 kleinen Dillzweig dekorieren.

Safran-Sahne-Gelee auf marinierten Gurken

1/4 TL Safranfäden

Salz | 250 g Sahne

100 ml Gemüsefond

1 kleines Lorbeerblatt

2 Blatt weiße Gelatine

1/2–1 TL getrockneter grüner Pfeffer

2 Mini-Gurken (ersatzweise 1/2 Salatgurke)

2 EL Limettensaft | 2 Stängel Minze

2 EL Pinienkerne

Außerdem: 4 Timbaleförmchen

Zubereitungszeit: 45 Min.
Kühlzeit: ca. 8 Std.
Pro Portion ca. 260 kcal

1 | Safranfäden mit 1/4 TL Salz im Mörser zerreiben. In 2 EL warmem Wasser ca. 10 Min. einweichen.

2 | Sahne mit Fond und Lorbeerblatt unter Rühren bei geringer Hitze ca. 15 Min. köcheln lassen. Safranwasser zugeben und weitere 2 Min. köcheln lassen.

3 | Inzwischen die Gelatine in kaltem Wasser ca. 5 Min. einweichen. Ausdrücken und in der Sahnemischung auflösen, nicht mehr kochen lassen. Die Förmchen kalt ausspülen, die Safran-Sahne einfüllen, abkühlen lassen und im Kühlschrank in 8 Std. oder über Nacht fest werden lassen.

4 | Den grünen Pfeffer im Mörser fein zerreiben. Die Gurken schälen, in sehr dünne Scheiben hobeln, mit Limettensaft beträufeln, salzen und mit Pfeffer bestreuen. Im Kühlschrank 20 Min. marinieren.

5 | Inzwischen die Minze abspülen, trockenschütteln und die Blättchen abzupfen. Die Pinienkerne in einer Pfanne ohne Fett goldgelb rösten.

6 | Die Förmchen kurz in heißes Wasser tauchen, das Gelee auf Portionsteller stürzen. Die Gurkenscheiben dachziegelartig in einem Kreis um das Gelee legen. Mit Pinienkernen bestreuen und mit Minzeblättchen dekorieren.

Im Bild vorne: Lammfilet mit Granatapfel-Kirsch-Sauce; hinten: Salatschiffchen mit Linsen-Nuss-Salat

Lammfilet mit Granatapfel-Kirsch-Sauce

4 Lammfilets (à 60–70 g)

1 TL getrockneter grüner Pfeffer

1 Bund frischer Thymian

2–3 EL Öl

1 EL Pinienkerne

1/2 Granatapfel

200 ml Kirschsaft

1 EL Speisestärke

1 TL getrockneter Oregano

2 EL Granatapfelsirup

1/2–1 TL Zucker

Zubereitungszeit: 55 Min.
Marinierzeit: ca. 30 Min.
Pro Portion ca. 240 kcal

1 | Lammfilets von Häutchen und Fett befreien und trockentupfen. Grünen Pfeffer im Mörser zerstoßen. Thymian abspülen und trockenschütteln. 4 kleine Zweige beiseite legen. Die restlichen Thymianblättchen abstreifen. Die Hälfte fein hacken, mit 1/2 TL grünem Pfeffer und 1 EL Öl mischen. Die Lammfilets darin ca. 30 Min. marinieren.

2 | Inzwischen die Pinienkerne in einer Pfanne ohne Fett goldgelb rösten. Ca. 3 EL Granatapfelkerne aus der Granatapfelhälfte lösen (s. Seite 146). 3 EL Kirschsaft mit Speisestärke verrühren und beiseite stellen. Restlichen Saft mit 1/2 TL grünem Pfeffer, Oregano und Granatapfelsirup erhitzen und 10 Min. köcheln lassen.

3 | Angerührte Stärke in den Saft rühren, die Sauce 1–2 Min. köcheln lassen. Vom Herd nehmen und die Sauce durch ein Sieb passieren. Nach Belieben mit Zucker abschmecken. Granatapfelkerne und Thymianblättchen zugeben.

4 | Lammfilets im restlichen Öl von jeder Seite ca. 2 Min. braten. Herausnehmen und kurz ruhen lassen. Das Fleisch schräg aufschneiden, salzen und pfeffern. Mit der Sauce anrichten. Mit gerösteten Pinienkernen bestreuen und mit Thymianzweigen dekorieren.

Salatschiffchen mit Linsen-Nuss-Salat

2 kleine Schalotten | 2 Gewürznelken

100 g grüne Berglinsen (z. B. Du Puy)

1 Lorbeerblatt | 1 Gemüsezwiebel (ca. 350 g)

50 g Walnusskerne

2 EL Olivenöl | 1 EL Akazienhonig

1 TL Baharat (s. Seite 148)

Salz | frisch gemahlener schwarzer Pfeffer

1/2 TL Cayennepfeffer

3 EL Granatapfelsirup

2 kleine Köpfe Romana-Salat (»Little Gem«)

1 Bund glatte Petersilie | 1 Granatapfel

Zubereitungszeit: 1 Std.
Pro Portion ca. 300 kcal

1 | Schalotten schälen und mit je 1 Gewürznelke spicken. Die Linsen waschen. Mit 1/4 l Wasser, Schalotten und Lorbeerblatt zum Kochen bringen und bei geringer Hitze 30 Min. köcheln lassen, bis sie knapp gar sind.

2 | Inzwischen die Gemüsezwiebel schälen, halbieren und in dünne Streifen schneiden. Die Walnusskerne hacken. Die Zwiebel in einer Pfanne im Olivenöl bei geringer Hitze in 25–30 Min. dünsten, bis sie weich sind. Die Zwiebel an den Pfannenrand schieben, Walnusskerne in der Mitte kurz anrösten. Mit der Zwiebel mischen. Honig zugeben und unter Rühren karamellisieren lassen. Mit Baharat, Salz, Pfeffer und Cayennepfeffer würzen. Vom Herd nehmen.

3 | Die Linsen abgießen, Lorbeerblatt und Schalotten entfernen. Mit Granatapfelsirup und Salz würzen. Abkühlen lassen.

4 | Salat putzen, in Blätter teilen, abspülen und trockentupfen. Petersilie waschen, trockenschütteln und die Blättchen hacken. Granatapfel öffnen (s. Seite 146) und 2–3 EL Kerne herauslösen.

5 | Linsen mit Petersilie und Zwiebeln mischen, mit Salz und Pfeffer abschmecken. Den Linsen-Nuss-Salat in die Salatblätter füllen und mit Granatapfelkernen bestreuen.

Zartes Lamm mit Gewürz-Quitten

4 EL Zitronensaft

2 Quitten (450–500 g) | 100 g Zucker

4 grüne Kardamomkapseln

1/2–1 TL grüner Pfeffer

4 Gewürznelken

1 EL Pistazienkerne

200 g Lammlachse

2 EL Butterschmalz

Salz | frisch gemahlener schwarzer Pfeffer

1 Prise gemahlener Piment

Zubereitungszeit: 50 Min.
Kochzeit: ca. 20 Min.
Pro Portion ca. 300 kcal

1 | In einer Schüssel 1/2 l kaltes Wasser mit 1 EL Zitronensaft mischen. Quitten waschen und mit dem Sparschäler dünn schälen. Sofort ins Zitronenwasser legen, damit sie nicht braun werden. Nacheinander vierteln und entkernen. Jedes Viertel halbieren, in 3 gleich große Stücke schneiden und sofort wieder ins Zitronenwasser legen.

2 | 300 ml Wasser in einen Topf geben, mit dem Zucker unter Rühren zum Kochen bringen. Inzwischen die Kardamomkapseln im Mörser leicht anstoßen, den grünen Pfeffer im Mörser zerstoßen und mit den Gewürznelken und dem restlichen Zitronensaft in das kochende Zuckerwasser geben. Quittenstücke abtropfen lassen, zugeben und 15–20 Min. köcheln lassen, bis sie weich sind. Inzwischen die Pistazien grob hacken und beiseite stellen.

3 | Quitten herausnehmen, Nelken und Kardamomkapseln entfernen und die Flüssigkeit offen sirupartig einkochen.

4 | Backofen auf 200° (Umluft 180°) vorheizen. Lammlachse im Butterschmalz von allen Seiten ca. 3 Min. kräftig braten. Herausnehmen, salzen, pfeffern und mit Piment würzen.

5 | In einer feuerfesten Form im Backofen (Mitte) in 6–8 Min. fertig garen. Inzwischen den Bratsatz in der Pfanne mit 50 ml Wasser ablöschen, die Quittenstücke darin schwenken und vorsichtig erhitzen. Sirup ebenfalls erhitzen.

6 | Das Fleisch herausnehmen, einige Minuten ruhen lassen und aufschneiden. Mit den Quitten anrichten, mit Sirup beträufeln und mit gehackten Pistazien bestreuen.

Quitten sind Allroundtalente – sie schmecken süß genauso gut wie pikant.

Tipps

Wenn es schnell gehen muss: Quitten schälen und grob raspeln. In 2 EL Olivenöl unter ständigem Wenden braten, mit Salz, Pfeffer und 1 Prise Zucker würzen, mit frisch gehackter Petersilie bestreuen. Das Gericht schmeckt auch mit Hirschkeule statt mit Lammfleisch.

Rinderfilet auf Feigen-Anis-Sauce

75 g getrocknete Feigen

1/4 l Orangensaft

2 Schalotten (ca. 40 g)

1 TL Anissamen

30 g Walnusskerne

4 kleine frische Feigen

2 Stängel Minze

3 EL Butter

4 Rinderfilets (à 50–60 g)

1 EL Öl

Salz

frisch gemahlener schwarzer Pfeffer

Zitronensaft

Zubereitungszeit: 1 Std. 5 Min.
Pro Portion ca. 265 kcal

1 | Die getrockneten Feigen würfeln, im Orangensaft ca. 30 Min. einweichen. Inzwischen die Schalotten schälen und fein würfeln. Anis in einer Pfanne ohne Fett trocken rösten, bis er duftet. Abkühlen lassen und fein mahlen. Die Walnusskerne ebenfalls ohne Fett trocken rösten, abkühlen lassen und hacken.

2 | Die frischen Feigen vorsichtig abreiben. Mit einem scharfen Messer an der Spitze kreuzweise einritzen. Die Schale bis zur Hälfte abziehen, das sichtbare Fruchtfleisch kreuzweise einschneiden und etwas auseinander drücken, so dass eine »Blüte« entsteht. Die Minze abspülen, trockenschütteln und die Blättchen abzupfen.

3 | Die Schalotten in der Hälfte der Butter 2 Min. andünsten, Orangensaft und Feigenwürfeln zugeben und 12–15 Min. köcheln lassen, dabei öfter umrühren. Mit dem Pürierstab pürieren.

4 | Die Filets trockentupfen. In einer heißen Pfanne im Öl und der restlichen Butter von jeder Seite 2 Min. braten. Herausnehmen, salzen und pfeffern und warm halten. Den Bratsatz mit 1–2 EL Wasser lösen. Die Feigensauce zugeben und aufkochen. Mit Anis, Salz und einigen Spritzern Zitronensaft abschmecken. Walnusskerne unterrühren.

5 | Zwei Drittel der Sauce auf 4 kleinen Tellern verteilen, die Filets darauf setzen. Auf jedes Filet einen kleinen Klecks Sauce und die frischen Feigen setzen. Mit Minzeblättchen dekorieren.

Variante mit Datteln

Anstelle der getrockneten Feigen 75 g Dattelpaste in kleine Stückchen schneiden und im Orangensaft schmelzen. Statt der frischen Feigen 4 große frische (oder halb getrocknete) Datteln oben kreuzweise einschneiden und längs aufschlitzen, so dass sie unten noch zusammenbleiben. Kern entfernen und 1 kleine rote Chilischote hineinsetzen, so dass die Dattel mit der Chilischote eine »Blüte« bildet. Mit Filet und Dattelsauce anrichten.

الحياة

Kalbsleber mit Feigen-Senf-Creme

200 g Kalbsleber

1 EL Granatapfelsirup

300 ml Orangensaft

Salz

frisch gemahlener schwarzer Pfeffer

1/4 TL Baharat (s. Seite 148)

80 g getrocknete Feigen

1–2 EL Dijonsenf

1/2 Bund glatte Petersilie

1 große unbehandelte Süßorange (ca. 300 g)

1–2 EL Mehl

2 EL Butterschmalz

Zubereitungszeit: 45 Min.
Marinierzeit: ca. 30 Min.
Pro Portion ca. 230 kcal

1 | Die Leber in Streifen schneiden. 1 EL Granatapfelsirup mit 2 EL Orangensaft, Salz, Pfeffer und Baharat verrühren und über die Leber träufeln. Abgedeckt im Kühlschrank ca. 30 Min. marinieren.

2 | Feigen würfeln, dabei die harten Stiele entfernen. Restlichen Orangensaft mit den Feigen aufkochen und ca. 15 Min. offen köcheln lassen, bis die Feigen weich sind und der Saft nahezu aufgesogen bzw. verdampft ist. Mit dem Pürierstab pürieren, den Senf untermischen.

3 | Die Petersilie waschen, trockenschütteln und die Blättchen abzupfen. Die Orange heiß waschen, trockenreiben, in dünne Scheiben schneiden und diese halbieren.

4 | Leber trockentupfen. Mehl mit etwas Salz und Pfeffer mischen. Die Leber darin wenden und im Butterschmalz von jeder Seite ca. 1 Min. braten. Die Leberstreifen mit etwas Feigen-Senf-Creme und den Orangenscheiben anrichten, mit Petersilienblättchen dekorieren.

Rindermedaillons mit Datteln

2–3 kleine Schalotten (ca. 40 g)

2 TL ungeschälte Sesamsaat

4 Stängel glatte Petersilie

120 g Ziegenfrischkäse

8 frische Datteln (ersatzweise fleischige getrocknete)

4 Medaillons vom Rinderfilet (à 50–60 g)

Salz

frisch gemahlener schwarzer Pfeffer (ersatzweise Lebanese Pepper Mix; s. Seite 149)

1 EL Öl

3 EL Butter

50 ml Madeira (ersatzweise 30 ml Apfeldicksaft und 2 EL Gemüsebrühe)

50 ml Gemüsebrühe

4 EL Sahne

Zubereitungszeit: 35 Min.
Pro Portion ca. 340 kcal

1 | Schalotten schälen und sehr fein hacken. Sesam in einer Pfanne ohne Fett rösten, bis er duftet. Petersilie abspülen und trockenschütteln. Ziegenfrischkäse mit der Gabel zerdrücken und mit 1 EL Wasser glatt rühren. Datteln entkernen und je 2 Datteln nebeneinander auf eine feuerfeste Platte legen.

2 | Backofen auf 180° (Umluft 160°) vorheizen. Fleisch salzen und pfeffern. Öl mit der Hälfte der Butter erhitzen, Medaillons von jeder Seite 1 Min. anbraten. Jeweils 1 Medaillon auf 2 Datteln legen und mit 1 TL Ziegenfrischkäse bestreichen. Im Backofen (Mitte) ca. 5 Min. überbacken.

3 | Inzwischen die Schalotten in der übrigen Butter 2–3 Min. andünsten. Mit Madeira und Brühe ablöschen. Sahne und restlichen Ziegenfrischkäse zugeben und ca. 5 Min. köcheln lassen, bis die Sauce dicklich-cremig ist.

4 | Die Medaillons aus dem Ofen nehmen, auf kleinen Tellern mit der Sauce anrichten. Mit Sesam bestreuen und mit Petersilienstängeln dekorieren.

Hirschsteak auf Marzipan-Rosmarin-Sauce

200 g Hirschsteak (aus der Keule)

frisch gemahlener schwarzer Pfeffer

1 EL Öl

2 EL Granatapfelsirup

1 TL getrockneter grüner Pfeffer

3 Zweige Rosmarin

1 Granatapfel

150 ml kräftige Hühnerbrühe

80 g Marzipanrohmasse

2 EL Butterschmalz

Salz

2–3 TL Zitronensaft

Zubereitungszeit: 1 Std. 5 Min.
Kühlzeit: 30 Min.
Pro Portion ca. 250 kcal

1 | Das Fleisch trockentupfen und pfeffern. Öl und Granatapfelsirup mischen, das Fleisch damit einstreichen. In Folie wickeln und ca. 30 Min. im Kühlschrank marinieren.

2 | Den grünen Pfeffer im Mörser zerreiben. Rosmarin abspülen und trockenschütteln. Einige Nadeln abzupfen und fein hacken (ca. 2 TL). Den Rest in kleine Zweige teilen. Den Granatapfel öffnen und aus einer Granatapfelhälfte die Kerne herauslösen (s. Seite 146), den Rest anderweitig verwenden.

3 | Hühnerbrühe aufkochen. Marzipanrohmasse zerbröckeln und unter Rühren in der Brühe schmelzen. Gehackten Rosmarin und die Hälfte des grünen Pfeffers unterrühren. Die Sauce 5–10 Min. köcheln lassen.

4 | Backofen auf 220° (Umluft 200°) vorheizen. Das Hirschfleisch trockentupfen. Im Butterschmalz ca. 4 Min. von allen Seiten kräftig anbraten. Herausnehmen und salzen. Das Fleisch in einer feuerfesten Form im Backofen (Mitte) in 6–8 Min. fertig garen. Herausnehmen und kurz ruhen lassen.

5 | Die Sauce mit Zitronensaft und Salz abschmecken und auf 4 Tellern verteilen. Das Fleisch in 4 oder 8 Scheiben aufschneiden und auf der Marzipansauce anrichten. Mit restlichem grünen Pfeffer und Granatapfelkernen bestreuen. Mit Rosmarinzweigen dekorieren.

In diesem raffinierten Gericht verbinden sich aufregende Kontraste zu köstlicher Harmonie.

Knackige Variante mit Mandeln

Wenn es keine Granatäpfel gibt, 20 g blanchierte Mandeln längs halbieren und ohne Fett goldgelb rösten. Das Fleisch damit bestreuen.

DESSERTS

VERGNÜGLICHER ABSCHLUSS – KÜHL UND LOCKER, AROMATISCH UND HEISS, VON LEICHT BIS ÜPPIG

DIE REZEPTE

DESSERTS

Für jede Mezzetafel gibt es hier den richtigen Abschluss: als krönender Höhepunkt, zum süßen Abrunden oder entspannten Ausklingen eines gelungenen Menüs. Von üppigem Konfekt und sirup-saftigen Süßspeisen über erfrischende Fruchtsalate und Sorbets bis zum kardamomwürzigen Kaffee.

Quittenkonfekt mit weissen Mandeln

Im Bild Seite 131 links unten

4–5 EL Zitronensaft | 1 kg Quitten

3/4 l Riesling | 5 Gewürznelken

ca. 700 g Zucker

200 g blanchierte Mandeln

Backpapier für das Blech

Zubereitungszeit: 1 Std. 20 Min.
Ruhezeit: 2 Tage
Pro Stück ca. 40 kcal

1 | In einem Topf knapp 1 l Wasser mit 3 EL Zitronensaft mischen. Quitten waschen, ungeschält vierteln, vom Kerngehäuse befreien, die Viertel klein schneiden und in das Zitronenwasser legen, damit sie sich nicht verfärben.

2 | Quitten abgießen, in einen großen, schweren und weiten Topf geben. So viel Riesling zugießen, bis sie knapp bedeckt sind. Mit Nelken zum Kochen bringen. Offen bei geringer Hitze je nach Sorte in 20–40 Min. weich garen. Nelken entfernen. Quitten pürieren und abkühlen lassen.

3 | Quittenpüree mit der gleichen Menge Zucker (ca. 700 g) erneut aufkochen und offen unter ständigem Rühren (Vorsicht: Spritzgefahr!) 30–40 Min. einkochen. Wenn das Mus sehr zäh ist, den Löffeltest machen: Dabei mit dem Löffel über den Topfboden fahren. Bleibt ein freier Streifen, ist das Mus fertig. Mit dem restlichen Zitronensaft abschmecken.

4 | Das Mus auf einem mit Backpapier ausgelegten Backblech glatt ausstreichen und erkalten lassen. Sobald die Paste anfängt, fest zu werden, mit dem Messerrücken kleine Quadrate oder Rauten in die Oberfläche ritzen. In jedes Teilstück eine Mandel setzen. Die Masse in ca. 2 Tagen fest werden lassen.

5 | Das Konfekt in ca. 120 Stücke schneiden. In Blechdosen zwischen Schichten von Pergamentpapier aufbewahren. Mit Minztee (s. Seite 137) oder Kardamomkaffee servieren.

Arabischer Kardamom-Kaffee

Im Bild Seite 130 oben

1/2–1 TL Zucker

1 TL gemahlener Kaffee

1/4–1/2 TL gemahlener Kardamom

Zubereitungszeit: 10 Min.
Pro Portion ca. 5 kcal

1 | 3/8 l Wasser mit Zucker in einen kleinen Topf geben (ideal: eine türkische Mokkakanne) und erhitzen. Sobald das Wasser anfängt zu kochen, den Topf vom Herd nehmen. Kaffee und Kardamom zugeben. Bei mittlerer Hitze unter Rühren aufkochen und bei geringer Hitze 2 Min. köcheln lassen, dabei den Topf immer wieder vom Herd nehmen und zurückstellen. Heiß servieren.

»Weisser Kaffee«

Im Bild Seite 130 rechts

2 grüne Kardamomkapseln

1 TL Zucker

1 TL Orangenblütenwasser

Zubereitungszeit: 10 Min.
Pro Portion ca. 4 kcal

1 | Kardamomkapseln im Mörser anstoßen. Mit 1/4 l Wasser aufkochen. Zucker zugeben und unter Rühren auflösen. Den »Kaffee« auf Trinktemperatur abkühlen lassen und mit Orangenblütenwasser aromatisieren.

Tipp

Dieses Getränk ist sehr empfehlenswert nach einem üppigen Essen!

Kardamom-Walnuss-Milchreis

Im Bild Seite 130 links

350 ml Milch | 1 Prise Salz

90 g Milchreis

1/2 TL gemahlener Kardamom

1/2 TL gemahlene Vanille

50 g Walnusskerne

1 EL Pistazienkerne

40 g Orangeat | 1–2 EL Zucker

3 Blatt weiße Gelatine

100 g Sahne | 2 Süßorangen

400–500 ml Orangensaft

200 g Zucker | 2 Gewürznelken

1/2 Zimtstange | 1 Granatapfel

Außerdem:

4 Timbaleförmchen (à 150 ml Inhalt)

Zubereitungszeit: 55 Min.
Kühlzeit: ca. 3 Std.
Pro Portion ca. 630 kcal

1 | Die Milch mit Salz zum Kochen bringen, Reis einrieseln lassen, Kardamom und Vanille unterrühren. Zugedeckt bei geringer Hitze je nach Sorte 30–40 Min. ausquellen lassen.

2 | Inzwischen Walnusskerne und Pistazien hacken. Das Orangeat sehr fein würfeln. Kurz vor Ende der Garzeit den Zucker unter den Reis rühren. Die Gelatine einweichen, ausdrücken und unter den Reis mischen. Den Reis abkühlen lassen. Sobald der Reis anfängt, etwas fester zu werden, die Walnüsse und das Orangeat unterheben. Die Sahne steif schlagen und unter die Reismasse ziehen. Die Förmchen kalt ausspülen. Den Reis einfüllen und im Kühlschrank in 1–2 Std. fest werden lassen.

3 | Die Orangen über einer Schüssel wie einen Apfel schälen, so dass die Haut vollständig entfernt wird. Die Fruchtfilets aus den Trennhäutchen schneiden, dabei den Saft auffangen. Filets abgedeckt kalt stellen. Den aufgefangenen Saft mit Orangensaft auf 500 ml auffüllen. Mit Zucker, Nelken und Zimtstange zum Kochen bringen. Den Saft offen 20–25 Min. köcheln lassen, bis er sirupartig und bernsteinfarben ist.

4 | Granatapfel öffnen, aus einer Hälfte die Kerne herauslösen (s. Seite 146), den Rest anderweitig verwenden. Die Förmchen kurz in heißes Wasser tauchen, den Reis auf Teller stürzen. Mit den Orangenfilets und Granatapfelkernen umlegen. Etwas Sirup auf den Reis träufeln, Pistazienkerne darüber streuen.

Tipp

Übriger Sirup hält sich im Kühlschrank mehrere Wochen.

Marinierte Melone mit Frischkäsecreme

Im Bild Seite 131 rechts

1 kleine, reife Melone (z. B. Galia- oder Zuckermelone)

2–3 Limetten | 3 EL brauner Zucker

200 g Doppelrahmfrischkäse

1 Bund Minze

Zubereitungszeit: 25 Min.
Marinierzeit: ca. 3 Std.
Pro Portion ca. 230 kcal

1 | Melone schälen, entkernen und mundgerecht würfeln (ergibt ca. 500 g). Saft der Limetten auspressen. 3 EL Limettensaft über die Melone träufeln. Mit 2 EL braunem Zucker bestreuen und abgedeckt 2–3 Std. kalt stellen. Zwischendurch vorsichtig umrühren.

2 | Melonenwürfel auf ein Sieb geben und die Marinierflüssigkeit auffangen. Mit Frischkäse zu einer luftigen Creme aufschlagen. Nach Belieben mit Limettensaft abschmecken. Melone und Creme schichtweise in hohe Gläser oder in eine Glasschüssel füllen und bis zum Servieren kalt stellen.

3 | Minze abspülen, trockenschütteln und die Blättchen abzupfen. Einige Blättchen beiseite legen, den Rest hacken. Mit übrigem Zucker und 2 TL Limettensaft fein pürieren. Vor dem Servieren über die Desserts träufeln. Mit Minzeblättchen dekorieren.

Walnuss-Marzipan-Würfel

Für den Mürbeteig:

2 Eier

200 g Mehl

80 g feiner Zucker

1 Prise Salz

100 g geschälte gemahlene Mandeln

150 g kalte Butter

Für den Belag:

1 unbehandelte Orange

100 g Zitronat

100 g Orangeat

200 g Walnusskerne

100 g ungeschälte gemahlene Mandeln

100 ml Cointreau

200–220 g Puderzucker

2 EL Zitronensaft

Backpapier für das Blech

Zubereitungszeit: 1 Std. 5 Min.
Backzeit: ca. 20 Min.
Pro Stück ca. 45 kcal

1 | Für den Teig die Eier in Eigelbe und Eiweiße trennen. Mehl, Zucker, Salz und Mandeln auf eine Arbeitsfläche häufeln, in die Mitte ein Mulde drücken. Die Eigelbe hineingeben. Die Butter in Stückchen darauf verteilen. Alles rasch zu einem glatten Teig kneten. In Folie gewickelt mindestens 30 Min. in den Kühlschrank stellen.

2 | Für den Belag die Orange heiß waschen, trockenreiben und die Schale dünn abreiben. Zitronat und Orangeat im Blitzhacker zerkleinern. Walnusskerne sehr fein mahlen, mit gemahlenen Mandeln dazugeben. Die Eiweiße kurz aufschlagen. Mit Cointreau, 100 g Puderzucker und Orangenschale zur Nussmischung geben und verarbeiten.

3 | Den Backofen auf 180° (Umluft 160°) vorheizen. Den Teig flach drücken. Einen großen Gefrierbeutel seitlich aufschneiden und auf einen feuchten Lappen legen. Mürbeteig zwischen den Beutelhälften zu einem Rechteck von ca. 25 x 35 cm ausrollen. Die Teigplatte auf ein mit Backpapier ausgelegtes Backblech legen.

4 | Nussmasse auf den Teig geben und mit einem Spatel glatt streichen, diesen immer wieder in kaltes Wasser tauchen. Im Backofen (Mitte) 15–20 Min. backen. Die Teigplatte herausnehmen, vom Blech ziehen und etwas abkühlen lassen.

5 | Restlichen Puderzucker mit Zitronensaft und 2 EL Wasser verrühren. Den Guss auf den warmen Kuchen streichen und auskühlen lassen. Die Ränder gerade abschneiden. Den Kuchen in ca. 2 x 2 cm große Quadrate schneiden. In einer Blechdose zwischen Schichten von Pergamentpapier aufbewahren. So halten sich die Würfel ca. 4 Wochen.

Melone mit geeister Mohnsahne

1 unbehandelte Zitrone

1 kleine reife Galiamelone

2 EL feiner brauner Zucker

3 EL Mohnsaat

1 TL Zimtpulver

250 g Sahne

2 Stängel Minze

Zubereitungszeit: 25 Min.
Gefrierzeit: ca. 6 Std.
Pro Portion ca. 290 kcal

1 | Die Zitrone heiß waschen, trockenreiben und Schale fein abreiben. 2 EL Saft auspressen. Melone halbieren, entkernen, aus der Schale lösen und mundgerecht klein schneiden. Mit 1 EL Zucker und Zitronensaft mischen. Abgedeckt kalt stellen.

2 | Mohn fein mahlen, mit Zitronenschale und Zimt mischen. Sahne steif schlagen, dabei den restlichen Zucker einrieseln lassen. Die Mohnmischung unterheben. Die Mohnsahne in eine Schale füllen und abgedeckt 4–6 Std. ins Tiefkühlfach stellen.

3 | Die Minze abspülen, trockenschütteln und die Blättchen abzupfen. Mit einem Löffel Nocken von der Mohnsahne abstechen und die Nocken mit den Melonenwürfeln anrichten. Mit Minzeblättchen dekorieren.

Orientalischer Orangensalat

4 Orangen

1 EL Orangenblütenwasser

3 EL brauner Zucker

2–3 EL Walnussöl (ersatzweise Olivenöl)

1 TL Zimtpulver

2 Stängel Minze

2 EL Pistazienkerne

Zubereitungszeit: 15 Min.
Kühlzeit: ca. 2 Std.
Pro Portion ca. 220 kcal

1 | Die Orangen wie einen Apfel schälen, so dass die Haut vollständig entfernt wird, in dünne Scheiben schneiden und auf einer Platte anrichten.

2 | Die Orangenscheiben mit dem Orangenblütenwasser beträufeln und mit Zucker bestreuen. Mit Öl beträufeln und mit Zimt bestäuben. Bis zum Servieren kalt stellen.

3 | Inzwischen die Minze abspülen, trockenschütteln und die Blättchen abzupfen. Die Pistazien hacken. Den Orangensalat mit Pistazien bestreuen und mit Minze dekorieren.

Orientalischer Minztee

8 Stängel frische Minze

2 TL Gunpowder-Tee (chinesischer grüner Tee)

4–6 EL Zucker

Zubereitungszeit: 10 Min.
Pro Portion ca. 80 kcal

1 | Die Minze abspülen und trockenschütteln. 1 l Wasser zum Kochen bringen. Die Teeblätter mit 1/4 l kochend heißem Wasser übergießen. Das Wasser sofort wieder wegschütten, um den Teestaub zu entfernen.

2 | Die Teeblätter mit dem restlichem Wasser aufgießen. Den Zucker zugeben. Den Tee ca. 2 Min. ziehen lassen, umrühren und ca. 1 weitere Min. ziehen lassen.

3 | Die Minzestängel in die Gläser stellen und mit dem Tee aufgießen. Den Minztee heiß servieren.

Kaffee-Sorbet

140 g brauner Zucker

1/2 TL gemahlener Kardamom

1/4 TL gemahlene Vanille

2 TL dunkles Kakaopulver

350 ml kalter, starker Kaffee

1 EL Zitronensaft | 1 EL ganze Kaffeebohnen

Zubereitungszeit: 25 Min.
Gefrierzeit: ca. 7 Std.
Pro Portion ca. 150 kcal

1 | 100 ml Wasser mit 100 g Zucker aufkochen und so lange köcheln lassen, bis sich der Zucker gelöst hat. Kardamom, Vanille und Kakaopulver unterrühren. Abkühlen lassen. Mit kaltem Kaffee mischen. Zitronensaft durch ein Sieb zugießen. In einer Metallschüssel abgedeckt ins Tiefkühlfach stellen. Nach ca. 2 Std. die Mischung vom Rand aus durchrühren. Dies alle 30 Min. wiederholen, bis sich ein feinkristallines Sorbet gebildet hat. Das dauert je nach Höhe des Gefäßes 3–5 Std.

2 | Kaffeebohnen grob zerkleinern. Übrigen Zucker bei mittlerer Hitze karamellisieren lassen. Kaffeebohnensplitter zugeben und rühren, bis sie mit dem Karamell überzogen sind. Auf Backpapier abkühlen lassen und auseinander brechen. 30 Min. vor dem Servieren die Servierschalen kalt stellen. Das Sorbet darin anrichten, mit Kaffeebohnensplittern bestreuen.

Im Bild vorne: Dattelkonfekt; hinten: Quitten in Vanillesirup

Quitten in Vanillesirup

1 Limette

600 g Quitten

1 Vanilleschote

175 g Zucker

1–2 EL Pistazienkerne

1 Becher Crème fraîche

Zubereitungszeit: 25 Min.
Kochzeit: 1 Std.
Pro Portion ca. 200 kcal

1 | Den Saft der Limette auspressen und 2 EL Saft mit ca. 700 ml Wasser mischen. Quitten abreiben, waschen, dünn schälen, längs in Viertel schneiden und vom Kerngehäuse befreien. Quittenviertel und Kerngehäuse (gibt ein gutes Aroma!) sofort in das Limettenwasser legen, damit sie sich nicht verfärben. Eventuell etwas mehr Wasser zugeben, damit die Quitten bedeckt sind. Alles zum Kochen bringen.

2 | Die Vanilleschote längs aufschlitzen, Mark herauskratzen und mit dem Zucker mischen. Mit der Schote zu den Quitten geben. Alles zugedeckt bei mittlerer Hitze je nach Quittensorte in 20–40 Min. weich kochen. Die Pistazien hacken.

3 | Kerngehäuse entfernen. Die Quitten abtropfen und etwas abkühlen lassen, in dünne Spalten schneiden. Die Flüssigkeit offen einkochen, bis sie rötlich und sirupartig wird. Vanilleschote entfernen. Den Sirup mit Limettensaft abschmecken.

4 | Quitten anrichten, auf jede Portion einen Löffel Crème fraîche geben, mit Sirup beträufeln und mit den Pistazien bestreuen.

Die auch »Apfel der Aphrodite« genannte Quitte bezaubert durch ihr blumiges Aroma.

Dattelkonfekt

1 unbehandelte Zitrone

90 ml Orangensaft

250 g Dattelpaste

1 TL gemahlener Kardamom

100 g getrocknete feste Aprikosen

80 g Amarettini

150 g Walnusskerne

3 EL grober brauner Zucker

Zubereitungszeit: 35 Min.
Ruhezeit: ca. 1 Std.
Pro Stück ca. 35 kcal

1 | Die Zitrone heiß waschen, trockenreiben, die Schale fein abreiben und 2 TL Saft auspressen.

2 | Orangen- mit Zitronensaft aufkochen. Die Dattelpaste klein schneiden und im Orangensaft bei mittlerer Hitze schmelzen, dabei öfter umrühren. Die Mischung abkühlen lassen. Die Zitronenschale und das Kardamom unterrühren.

3 | Die Aprikosen sehr fein würfeln. Die Amarettini im Blitzhacker zu Krümeln verarbeiten. 50 g Walnusskerne grob hacken. Den Rest fein mahlen und die Hälfte beiseite stellen.

4 | Alles bis auf die Hälfte der beiseite gestellten Nüsse gründlich miteinander vermischen und ca. 30 Min. ruhen lassen. Mit einem Teelöffel kleine Mengen abstechen und diese zu Kugeln formen (ca. 2,5 cm Ø). Die Menge ergibt ca. 70 Stück. Die übrigen gemahlenen Walnüsse mit Zucker mischen. Die Kugeln darin wälzen.

5 | Das Konfekt in einer Blechdose zwischen Schichten von Pergamentpapier aufbewahren.

Variante mit Ingwer

Das Konfekt bekommt eine pikant-scharfe Note, wenn Sie die getrockneten Aprikosen durch eingelegten Ingwer ersetzen.

Avocado-Dessert mit Limetten und Pistazien

4 EL Limettensaft

5 EL Akazienhonig

3 EL Pistazienkerne

2 große, sehr reife Avocados (oder 3–4 kleine)

150 g griechischer Joghurt (10 %)

Zubereitungszeit: 15 Min.
Kühlzeit: ca. 30 Min.
Pro Portion ca. 430 kcal

1 | Den Limettensaft mit 3 EL Honig verrühren. Die Pistazienkerne hacken. Avocados halbieren und den Stein entfernen. Das Fruchtfleisch mit einem Löffel herauslösen, klein würfeln und sofort mit der Limetten-Honig-Mischung beträufeln. Alles gut vermischen und abgedeckt ca. 30 Min. in den Kühlschrank stellen.

2 | Avocado-Dessert auf Portionsschälchen verteilen. Den Joghurt glatt rühren und auf dem Dessert verteilen. Restlichen Honig darüber träufeln. Mit Pistazien bestreuen.

Zimtparfait mit marinierten Erdbeeren

2 ganz frische Eigelbe

60 g Zucker | Zimtpulver

1 Msp. gemahlene Vanille

150 g Sahne

200 g reife, aromatische Erdbeeren

2 EL Limettensaft | 2 EL brauner Zucker

2 Stängel Minze (ersatzweise Zitronenmelisse)

Außerdem: 4 Förmchen

Zubereitungszeit: 25 Min.
Gefrierzeit: ca. 8 Std.
Marinierzeit: 30 Min.
Pro Portion ca. 260 kcal

1 | Eigelbe mit Zucker 10 Min. schlagen, bis eine helle cremige Masse entsteht. 1–1 1/2 TL Zimt und die Vanille untermischen. Die Sahne steif schlagen und unter die Eiermasse heben. In 4 Förmchen füllen. Abgedeckt 4–8 Std. ins Tiefkühlfach stellen.

2 | Die Erdbeeren waschen, putzen und vierteln. Mit Limettensaft beträufeln und mit dem Zucker bestreuen. Abgedeckt 30 Min. im Kühlschrank marinieren lassen. Inzwischen die Minze abspülen, trockenschütteln und die Blättchen abzupfen.

3 | Die Förmchen aus dem Tiefkühlfach nehmen und 3–4 Min. bei Zimmertemperatur stehen lassen. Das Parfait auf Portionsteller stürzen. Die Erdbeeren drumherum verteilen. Mit Minzeblättchen dekorieren. Tellerrand mit etwas Zimt bestäuben.

Paradies-Dessert mit Äpfeln und Halwa

1 unbehandelte Zitrone

2 EL Pistazienkerne

2 Stängel Zitronenmelisse

2 Äpfel

2 EL Butter

2 TL brauner Zucker

1 TL Orangenblütenwasser

400 g griechischer Joghurt (10 %)

80 g Halwa

Zubereitungszeit: 25 Min.
Pro Portion ca. 300 kcal

1 | Die Zitrone heiß waschen und trockenreiben. Die Schale fein abreiben und den Saft von 1/2 Zitrone auspressen. Pistazien hacken und mit der Zitronenschale mischen. Zitronenmelisse abspülen, trockenschütteln und die Blättchen abzupfen. Die Äpfel schälen, vierteln, vom Kerngehäuse befreien und die Viertel blättrig schneiden.

2 | Die Butter erhitzen, bis sie schäumt. Apfelscheibchen darin unter Rühren andünsten. Mit Zucker und etwas Zitronensaft abschmecken, mit Orangenblütenwasser beträufeln.

3 | Den Joghurt glatt rühren, über den Äpfeln verteilen. Halwa zwischen den Fingern zerbröseln und darüber streuen. Mit Zitronenmelisseblättchen dekorieren.

Orangenfilets in Vanillesirup

500 g griechischer Joghurt (10 %)

1/2 Vanilleschote

200 g Zucker | 6 Kardamomkapseln

1/2 l Orangensaft | 2 Süßorangen

2 Blutorangen (ersatzweise 1 Pink Grapefruit)

2 Stängel Zitronenmelisse | 2–3 EL Akazienhonig

Zubereitungszeit: 35 Min.
Abtropfzeit: ca. 3 Std.
Pro Portion ca. 485 kcal

1 | Joghurt in ein mit Mull ausgelegtes Sieb (oder ein spezielles Abtropfsieb) geben. Im Kühlschrank 2–3 Std. abtropfen lassen.

2 | Vanilleschote längs aufschlitzen, das Mark herauskratzen und mit dem Zucker mischen. Kardamomkapseln im Mörser leicht anstoßen, so dass sie brüchig werden, aber nicht auseinander fallen. Orangensaft mit Zucker, Vanilleschote und Kardamom aufkochen. Offen in 20–25 Min. sirupartig einkochen.

3 | Inzwischen die Orangen wie Äpfel schälen, so dass die Haut vollständig entfernt wird. Fruchtfilets zwischen den Trennwänden herausschneiden, dabei den austretenden Saft auffangen und zum Orangensaft in den Topf geben. Die Zitronenmelisse abspülen, trockenschütteln und die Blättchen abzupfen.

4 | Orangensirup vom Herd nehmen und abkühlen lassen. Gewürze entfernen. Die Orangenfilets auf Portionstellern anrichten und mit dem Sirup beträufeln. Den Joghurt mit zwei Teelöffeln zu Halbkugeln formen und in die Mitte setzen. Eine Vertiefung in jede Joghurtkugel drücken, den Honig hineinträufeln. Mit Zitronenmelisseblättchen dekorieren.

Zitronen-Griess-Schnitten mit Walnüssen

170 g Hartweizengrieß

350 g Joghurt (3,5 %)

1 unbehandelte Zitrone

1/2 TL gemahlener Kardamom

170 g Zucker

1 EL Rosenwasser

1 großes Eiweiß
(ersatzweise 2 kleine Eiweiße)

1 Prise Salz

24 Walnusskernhälften

2 EL Pistazienkerne

Butter für die Form

Zubereitungszeit: 30 Min.
Quellzeit: 2 Std.
Backzeit: ca. 30 Min.
Pro Stück ca. 80 kcal

1 | 2 EL Grieß für die Form abnehmen und beiseite stellen. Den restlichen Grieß mit dem Joghurt mischen und abgedeckt ca. 2 Std. quellen lassen.

2 | Inzwischen die Zitrone heiß waschen und trockenreiben. Die Schale fein abreiben und 2 EL Saft auspressen. 170 ml Wasser mit dem Zitronensaft, dem Kardamom und 120 g Zucker zu einem Sirup einkochen. Den Sirup vom Herd nehmen und abkühlen lassen. Das Rosenwasser untermischen.

3 | Den Backofen auf 220° (Umluft 200°) vorheizen. Eine eckige Backform (20 x 30 cm) mit Butter ausstreichen und mit dem übrigen Grieß ausstreuen.

4 | Eiweiß mit restlichem Zucker und 1 Prise Salz steif schlagen. Den Eischnee und die Zitronenschale unter die Grießmasse heben. Die Masse in die Backform geben und glatt streichen. Im Backofen (Mitte) 10 Min. backen. Die Form herausnehmen.

5 | Mit einem Messer auf der Oberfläche ca. 5 x 5 cm große Quadrate einritzen. In jedes Quadrat eine Walnusshälfte drücken. Die Grießschnitten in weiteren 15–20 Min. fertig backen.

6 | Inzwischen die Pistazien hacken. Die Schnitten aus dem Backofen nehmen, mit einer Gabel mehrfach einstechen. Nach etwa 10 Min. mit dem Sirup beträufeln, so dass der Teig den Sirup aufnehmen kann. Die Schnitten abkühlen lassen, entlang der Markierungen in 5 x 5 cm große Quadrate schneiden. Mit Pistazien bestreut servieren.

Sie schmecken am besten zimmerwarm zusammen mit Minztee.

Orangen-Safran-Sorbet mit Pistazien

4–5 Saftorangen | 1/4 TL Safranfäden | 100 g Zucker

1 EL Zitronensaft | 2 Eiweiße | 1 unbehandelte Süßorange

2 EL Pistazienkerne | 2 Stängel Minze

Zubereitungszeit: 35 Min.
Gefrierzeit: ca. 7 Std.
Pro Portion ca. 210 kcal

1 | Den Saft der Saftorangen auspressen, durch ein Sieb gießen und 400 ml Saft abmessen. Die Safranfäden mit 1 TL Zucker im Mörser zerreiben und in 2 EL Orangensaft einweichen. Übrigen Zucker karamellisieren lassen. Sobald der Zucker geschmolzen ist, 150 ml Orangensaft unter Rühren zugießen. Zunächst wird der Karamell hart, löst sich aber unter ständigem Rühren nach ca. 5 Min. wieder auf. Karamell vom Herd nehmen, Safranmischung unterrühren und abkühlen lassen. Mit restlichem Orangensaft und Zitronensaft mischen.

2 | In einer Metallschüssel abgedeckt ins Tiefkühlfach stellen. Nach 2 1/2–3 Std., wenn sich erste Eiskristalle gebildet haben, mit dem Pürierstab gründlich durchmixen. Eiweiße steif schlagen und untermischen. 5-6-mal im Abstand von 30 Min. durchmixen, bis das Sorbet cremig und ohne Eisstückchen ist.

3 | Süßorange heiß waschen und trockenreiben. Schale mit dem Zestenreißer abziehen. Orange wie einen Apfel schälen, so dass die weiße Haut vollständig entfernt wird. Orangenfilets zwischen den Trennhäuten herauslösen. Pistazien hacken. Minze abspülen, trockenschütteln und die Blättchen abzupfen. Sorbet mit Orangenfilets in gekühlten Schälchen anrichten. Mit Pistazien bestreuen. Mit Minze und Zesten dekorieren.

Dschalab

ROSINENGETRÄNK

2 Zitronen

500 g Sultaninen

4 EL Zitronensaft

220 g Zucker

2 EL Orangenblütenwasser

4 EL blanchierte Mandeln

4 EL Pistazienkerne

4 EL Cashewkerne, geröstete, ungesalzene

Zubereitungszeit: 20 Min.
Kochzeit: 20 Min.
Kühlzeit: 3 Tage
Bei 8 Gläsern pro Glas ca. 232 kcal

1 | Zitronen schälen und in Stücke schneiden, dabei die Kerne entfernen. Die Sultaninen im Blitzhacker zerkleinern. Mit Zitronensaft, Zitronenstücken, Zucker und 2 1/2 l Wasser in einen großen Topf geben und bei mittlerer Hitze 20 Min. kochen lassen. Das Getränk abkühlen lassen. In Flaschen füllen, verschließen und 3 Tage in den Kühlschrank stellen, dabei zweimal täglich durchschütteln.

2 | Das Rosinengetränk am vierten Tag durch ein Sieb gießen und mit Orangenblütenwasser aromatisieren. Die Mandeln, Pistazien und Cashewkerne in kaltem Wasser 2 Std. einweichen. Auf Gläser verteilen und mit eisgekühltem Dschalab auffüllen.

Granatapfel-Kirschsaft-Getränk

3–4 Granatäpfel

125 ml Kirschsaft

Zucker (nach Belieben)

1–2 EL Rosenwasser

eiskaltes Mineralwasser

2 Stängel Minze

Zubereitungszeit: 25 Min.
Pro Glas ca. 49 kcal

1 | Die Granatäpfel öffnen (s. Seite 146). Die Kerne herauslösen, im Mixer pürieren und durch ein feines Sieb streichen. Mit Kirschsaft mischen und nach Belieben mit etwas Zucker abschmecken.

2 | Den Saft mit Rosenwasser aromatisieren, in Gläser geben und mit eiskaltem Mineralwasser auffüllen. Die Minze abspülen, trockenschütteln und die Blättchen abzupfen. Das Getränk damit dekorieren.

Süss-pikant gewürzte Nüsse

75 g Walnusskerne

75 g blanchierte Mandeln

75 g Pistazienkerne | 125 g Zucker

1/4 TL Salz | 1/4–1/2 TL Cayennepfeffer

1/2–1 TL Zimtpulver

1/2 TL gemahlener Kardamom

1/2 TL Muskatnuss, frisch gerieben

Backpapier für das Blech

Zubereitungszeit: 20 Min.
Pro Portion ca. 480 kcal

1 | Die Walnusskerne halbieren oder vierteln. Die Mandeln in einer trockenen Pfanne ohne Fett bei mittlerer Hitze ca. 5 Min. rösten, bis sie leicht gebräunt sind. Walnusskerne und Pistazien dazugeben und unter Rühren 2–3 Min. mitrösten.

2 | Mit Zucker bestreuen und rühren, bis sich der Zucker löst und alle Nusskerne von einer Zuckerschicht umgeben sind. Die Gewürze darüber streuen und alles gut mischen.

3 | Die heißen Nusskerne auf ein mit Backpapier ausgelegtes Backblech schütten und gleichmäßig verstreichen. Die Nussmasse abkühlen lassen und in mundgerechte Stücke brechen. In einer luftdicht verschließenden Dose 1–2 Wochen haltbar.

KÜCHENTECHNIK
UND GEBRAUCHSANWEISUNG

Eine kleine Gebrauchsanweisung

Jedes Rezept ist für vier nicht zu große Portionen berechnet.
Zwei bis drei verschiedene Portionen bilden zusammen eine rundum satt machende Mahlzeit, wobei üppigere Gerichte möglichst mit leichteren kombiniert werden sollten.

Wer eine Mezzetafel für vier Personen plant, aber mehr Vielfalt wünscht, braucht die in den Rezepten angegebenen Mengen einfach nur zu halbieren. So kann man vier, fünf oder sechs verschiedene Gerichte servieren, und es bleibt noch Appetit für ein Dessert. Vorschläge für elf verschiedene Menüs finden Sie auf den Seiten 156 und 157.

Wer eine Mezzetafel für acht, zehn, zwölf oder mehr Personen plant, kann die angegebenen Zutaten verdoppeln oder verdreifachen. Sie sind nur zu zweit? Kein Problem! Wählen Sie ein Fleisch- oder Fischgericht. Die Mengen sind genau richtig für ein Hauptgericht für zwei Personen. Servieren Sie dazu einen Salat oder ein vegetarisches Gericht. Hiervon genügt meist die halbe Menge.

Viele Gerichte sind Salate oder Pasten. Die Gäste bedienen sich selbst oder dippen die Paste mit einem Stück Fladenbrot, einem Salatblatt oder mit vorbereiteten Gemüsesticks auf. Manche Vorspeisen sind portioniert, beispielsweise in Form von Bällchen, Teigtaschen oder gefüllten Datteln. Damit jeder Gast eine gleich große Anzahl dieser Gerichte bekommt, sind die entsprechenden Rezepte zumeist auf zwölf, 16, 20 oder 24 Stück berechnet, also eine Anzahl, die sich gut aufteilen lässt.

Neben den Stück-, Gramm- und Milliliter-Angaben werden bestimmte Zutaten in Teelöffel- und Esslöffel-Mengen angegeben. Da fast alle üblichen Löffel unterschiedlich groß sind, empfiehlt sich die Anschaffung eines Sets von Haushalts-Messlöffeln:

1 Esslöffel (gestrichen voll) = 1 EL = 15 ml
1 Teelöffel (gestrichen voll) = 1 TL = 5 ml

Die meisten Sets haben auch noch Messlöffel für die Mengen 1/2 TL und 1/4 TL, was zum Abmessen von Gewürzen ideal ist. Hilfreich kann ein haushaltsübliches Kaffeelot sein, es entspricht (gestrichen voll) einer Menge von 20 ml.

Petersilie frisch halten

Ganze Petersilienbunde abbrausen und trockenschütteln. Die Bunde noch leicht feucht in einen Plastikbeutel geben und diesen verschließen. So hält sich die Petersilie im Gemüsefach des Kühlschranks mindestens 3–4 Tage frisch.

Petersilie schneiden

Diese Art, Petersilie zu schneiden, ist besonders dann empfehlenswert, wenn Sie beispielsweise für Tabuleh große Mengen vorbereiten, aber nicht sofort verwenden möchten:

Die Petersilie waschen und trockenschütteln. Die Stiele wie einen Blumenstrauß direkt unter dem Blättchenansatz zusammenfassen. Das Blätterbündel mit der linken Hand fest zusammendrücken und die Stiele abschneiden. Die Blätter mit der rechten Hand »scheibchenweise« abschneiden. Bei größeren Blättchen das Messer abwechselnd in verschiedenen Winkeln ansetzen. Das Blätterbündel dabei nicht loslassen, sondern immer wieder fest zusammendrücken.
Der Vorteil: Kein Blättchen wird wie beim Hacken kreuz und quer geschnitten. Dadurch verliert die Petersilie kaum Saft. In einer gut verschließbaren Plastikdose bleibt die so geschnittene Petersilie im Kühlschrank mehrere Stunden locker.

Granatapfel öffnen

Den Granatapfel mit einem spitzen Messer entlang des »Horizonts« nicht zu tief einritzen. Die Frucht in beide Hände nehmen und vorsichtig über einer Schüssel auseinander brechen. Bei dieser Methode werden nur wenige Kerne verletzt.

Granatapfel entkernen

Wenn Sie nur ein paar Kerne brauchen, die Granatapfelhälften mit der offenen Seite über eine Schüssel halten. Mit der stumpfen Seite eines schweren Messer kräftig auf die Schale klopfen, dabei fallen

die Kerne direkt in die Schüssel.
Oder: Die Granatapfelhälften auseinander brechen, die Hälften quasi umstülpen. Die Kerne lassen sich dann leicht ohne Häutchen lösen, denn diese sind zäh und bitter.

Granatapfelsaft

Wenn Sie nur den Saft brauchen: Die Kerne herauslösen und durch eine Passiermühle (»Flotte Lotte«) drehen. Oder kurz mixen und durch ein feines Sieb gießen. Beim Auspressen wie bei Zitrusfrüchten werden auch die bitteren Häutchen gequetscht, so dass der ganze Saft etwas bitter schmecken kann. Vorsicht: Flecken des roten Saftes sind nur schwer zu entfernen!

Hähnchenbrustfilet füllen

Wenn ein gefülltes Hähnchenbrustfilet zum Servieren aufgeschnitten wird, sieht es besonders hübsch aus, wenn die Füllung rundherum von Fleisch umgeben ist. Dafür das Filet von der kurzen Seite her mit einem spitzen, sehr scharfen Messer, z. B. einem Japanmesser, einschneiden. Zunächst das Fleisch an der dickeren kurzen Seite anritzen, das Messer vorsichtig hineinschieben und behutsam bis kurz vor die Längsseite des Filets durch das Fleisch ziehen. Das Messer umdrehen und zur anderen Längsseite ziehen. Die so entstandene Tasche vorsichtig bis zum dünnen kurzen Ende erweitern. Das Filet innen und außen salzen und die Füllung mit einem Löffel hineinschieben. Die Tasche mit einem Holzspießchen feststecken.

Kardamomkapseln öffnen

Die grünen Kapseln können Sie einzeln aufschlitzen und die festen Samen herauslösen. Leichter geht es im Mörser: die Kapseln kräftig anstoßen und die grünen Schalenteile entfernen.

Teig portionieren

Diese Methode ist gut, wenn Sie die Vorspeisen portionsweise servieren und gleich viele Portionen haben möchten:
Den Fleischteig für Hackbällchen in der Schüssel glatt streichen und in vier Segmente teilen. Jedes Viertel nacheinander herausnehmen, zur Rolle formen und diese nach Belieben nochmals halbieren, dritteln oder vierteln. Die Stücke jeweils zu Bällchen formen. So werden die Bällchen gleich groß und garen gleichmäßig.

Den Teig für Minipizzen oder Halbmondtäschchen zu einer Rolle formen, diese halbieren und jede Hälfte wieder zu gleich großen Rollen formen. Davon die gewünschte Stückzahl in Scheiben abschneiden, indem man die Rolle wieder halbiert, dann viertelt und so fort. Die Scheiben zu Kugeln formen. Die Teigkugeln entweder mit dem Handballen oder mit dem Nudelholz zu Kreisen auseinander drücken bzw. rollen. Beim Ausstechen bleiben Teigreste übrig, und man kommt oft nicht auf Anhieb auf die gewünschte Anzahl.

Nüsse rösten

Das Rösten steigert den Eigengeschmack der Nüsse. Die appetitliche goldgelbe Färbung macht sie zudem optisch attraktiver.
Die Nüsse werden grundsätzlich in einer Pfanne bei mittlerer Hitze in 5-7 Min. trocken geröstet, also ohne zusätzliches Fett. Am besten eignet sich eine Edelstahlpfanne.
Walnusskerne möglichst ganz lassen und nach dem Rösten hacken. Anderenfalls brennen die kleineren Teile oder gelösten Häutchen schon an, während größere Teile noch ungeröstet sind.
Pinienkerne beim Rösten ständig wenden. Sobald sie goldgelb sind, sofort aus der Pfanne nehmen, weil sie sonst zu dunkel werden.
Gehackte Mandeln oder Mandelblättchen beim Rösten ebenfalls ständig wenden. Ganze blanchierte Mandeln am besten vorher längs halbieren. Wenn man sie im Ganzen röstet, verbrennen sie leicht an den am stärksten gewölbten Stellen.
Pistazien werden meistens ungeröstet verwendet.

Mandeln blanchieren

In vielen Rezepten werden blanchierte Mandeln verwendet. Dazu ein Sieb in eine Schüssel hängen, die Mandeln hineinschütten, mit kochendem Wasser bedecken. Nach ca. 4 Min. das Sieb mit den Mandeln herausnehmen und den Vorgang wiederholen. Anschließend die Mandeln mit den Fingern aus den Häuten lösen. Blanchierte Mandeln gibt es auch fertig zu kaufen, allerdings meist in Form von Mandel-Splittern oder Mandel-Blättchen.

GEWÜRZE

Einige der in diesem Buch verwendeten Gewürze, wie **Kurkuma, Ingwer, Paprika** und **Zimt,** kaufen Sie am besten in pulverisierter Form, da man sie nur schwer mahlen kann.
Andere Gewürze dagegen, wie **Koriander, Cumin, Piment, Kardamom** und **Gewürznelken,** können Sie als Samen kaufen und immer nach Bedarf frisch mahlen, wodurch sie dann bei der Zubereitung ihr Aroma voll entfalten. Trockenes Rösten steigert das Aroma zusätzlich. Mahlen und rösten Sie von Ihren Lieblingsgewürzen immer nur kleine Mengen auf Vorrat. Dazu brauchen Sie eine kleine schwere Pfanne aus Edelstahl und eine Kaffeemühle mit Mahlwerk.
So geht's: Die Pfanne bei mittlerer Hitze heiß werden lassen. So viel von dem gewünschten Gewürz hineingeben, dass der Pfannenboden gerade bedeckt ist. Das Gewürz unter ständigem Rühren oder Rütteln der Pfanne 2–4 Min. rösten, bis es zu duften anfängt und sich leicht dunkler färbt. Anschließend das Gewürz auf einen Teller schütten und abkühlen lassen. Danach mahlen und in ein gut schließendes Schraubglas füllen. Das Gewürz möglichst trocken, kühl und lichtgeschützt aufbewahren und innerhalb weniger Wochen aufbrauchen.
Koriander und **Cumin** am besten sofort aufbrauchen. **Pfeffer** kommt immer frisch aus der Mühle. Auch **Muskatnuss** wird immer frisch gerieben. **Safran** sollten Sie als ganze Fäden kaufen und wie alle Gewürze trocken, kühl und dunkel aufbewahren. Die Safranfäden mit etwas Salz oder Zucker im Mörser zerreiben und in wenig Flüssigkeit, z. B. Wasser, Saft oder Kochflüssigkeit, ca. 10 Min. einweichen. Diese Mischung erst während des Kochens oder gegen Ende der Garzeit zum Essen geben, damit sich das Aroma nicht verflüchtigt.

Hier ein paar Gewürzmischungen, die in diesem Buch öfter vorkommen und die Sie leicht selber herstellen können.

Za'tar

ist sehr vielseitig verwendbar: Man kann es mit Olivenöl mischen und mit Fladenbrot aufdippen. Za'tar eignet sich als Brotgewürz oder zum Würzen von Salaten, Gemüse oder Dips.

45 g ungeschälte Sesamsaat

15 g getrockneter Thymian

5 g getrocknetes Basilikum

10 g Meersalz | 5 g getrocknete Zitronenschale

20 g gemahlener Sumach

Sesam trocken rösten, bis er duftet, abkühlen lassen und im Mörser grob zerstampfen. Thymian und Basilikum zwischen den Fingern fein zerreiben. Salz mit Zitronenschale im Mörser zerreiben. Alle Gewürze mischen. Die Mischung ergibt 100 g.

Tipp

Getrocknete Zitronenschale kann man selber herstellen, sie ist aromatischer als fertig gekaufte. Herstellung wie getrocknete Orangenschale *(s. Arabisches Orangengewürz, Seite 149).*

Baharat

heißt so viel wie »Mischung«. Davon gibt es so viele Varianten wie von Curry oder Garam Masala. Diese Mischung ist sehr aromatisch und mäßig scharf. Für mehr Schärfe nach Belieben mehr Cayennepfeffer zugeben.

15 g schwarze Pfefferkörner

8 g Kardamomsamen | 7 g Koriandersamen

12 g Cuminsamen | 6 g Gewürznelken

10 g Zimtpulver | 8 g Muskatnuss, frisch gerieben

30 g edelsüßes Paprikapulver | 4 g Cayennepfeffer

Die Gewürzkörner und -samen in einer Pfanne ohne Fett bei mittlerer Hitze 2–3 Min. rösten, bis sie duften. Die Gewürznelken nur ca. 1 Min. mitrösten. Gewürze abkühlen lassen, fein mahlen und mit Zimt, Muskat, Paprikapulver und Cayennepfeffer mischen. Die Mischung ergibt 100 g.

Lebanese Pepper Mix

ist eine Mischung aus ganzen Gewürzen für die Pfeffermühle. Sie wird genauso wie schwarzer Pfeffer aus der Mühle verwendet und kann nach Belieben grob oder fein gemahlen werden.

40 g schwarze Pfefferkörner

20 g kleine Pimentkörner

20 g Koriandersamen | 20 g Schwarzkümmel

Alle Gewürze mischen und in die Pfeffermühle geben. Wer es aromatischer mag, nimmt mehr Pimentkörner. Wer es dagegen milder bevorzugt, nimmt mehr Koriander.

Arabisches Orangengewürz

ist wegen der getrockneten Orangenschale etwas aufwändiger herzustellen, aber die Mühe lohnt sich. 4–6 Bio-Orangen heiß waschen, trockenreiben, ohne weiße Haut sehr dünn schälen. Schalen im Backofen bei 60° mehrere Stunden trocknen lassen, bis sie keine Feuchtigkeit mehr enthalten. Schalen abkühlen lassen, in kleine Stücke brechen, in der Mühle fein mahlen.

24 g Koriandersamen | 7 g Kardamomsamen

6 g Cuminsamen | 5 g schwarze Pfefferkörner

20 g gemahlene Orangenschale

15 g Kurkumapulver | 8 g Ingwerpulver

7 g Macis, gemahlen | 4 g edelsüßes Paprikapulver

2 g Cayennepfeffer | 2 g Zimtpulver

Gewürzkörner und -samen in einer Pfanne ohne Fett bei mittlerer Hitze trocken rösten, bis sie duften. Abkühlen lassen, fein mahlen. Mit den übrigen pulverförmigen Gewürzen mischen. Gewürzmischung durch ein Sieb streichen, weil Ingwer und Macis etwas klumpig sein können. Die Mischung ergibt 100 g.

Tipp

Restliche gemahlene Orangenschale verfeinert Desserts und Salatsaucen.

Falafel-Mix

ist vielseitig verwendbar. Mit dieser Mischung bekommen Falafel den besonderen orientalischen Geschmack.

35 g Cuminsamen | 25 g Koriandersamen

12 g schwarze Pfefferkörner

8 g Pimentkörner | 1 g Gewürznelken

11 g Zimtpulver | 4 g gemahlener Ingwer

3 g Muskatnuss, frisch gerieben

1 g Cayennepfeffer

Cumin, Koriander, Pfeffer- und Pimentkörner in einer Pfanne ohne Fett bei mittlerer Hitze trocken 2–3 Min. rösten, bis die Gewürze duften. Gewürznelken nur ca. 1 Min. mitrösten. Gewürze abkühlen lassen und fein mahlen. Mit Zimt, Ingwer, Muskatnuss und Cayennepfeffer gut mischen. Die Mischung eventuell durchsieben.

Harissa

ist sehr scharf und gibt es auch aus der Tube. Wer den Schärfegrad lieber selber bestimmen möchte, für den ist das folgende Rezept zum Selbermachen:

50 g getrocknete rote Chilischoten

20 g Koriandersamen | 20 g Cuminsamen

4–5 Knoblauchzehen | 20 g Salz

3 g getrocknete Minzeblätter

1–2 TL Zimtpulver | 60–80 ml Olivenöl

Öl zum Bedecken

Stielansätze der Chilischoten entfernen, Kerne herausschütteln. Chili zerbröseln, in lauwarmem Wasser ca. 20 Min. einweichen. Inzwischen Koriander und Cumin trocken rösten, abkühlen lassen, fein mahlen. Knoblauch schälen, mit dem Salz im Mörser zerdrücken. Minze zwischen den Fingern fein zerkrümeln. Chilischoten abtropfen lassen, mit den übrigen Zutaten im Mixer zu einer glatten Paste verarbeiten. In ein verschließbares Gefäß füllen, die Oberfläche glatt streichen, mit Olivenöl bedecken. Hält sich so im Kühlschrank mehrere Wochen.

NUSS-SAUCEN

Sesamsauce

75 g Sesampaste (Tahina)

2–3 EL Zitronensaft

75 g Naturjoghurt | Salz

1 Msp. Cayennepfeffer

Zubereitungszeit: 5 Min.
Pro Portion ca. 125 kcal

1 | Sesampaste mit Zitronensaft verrühren. Joghurt unterrühren und salzen. Je nach gewünschter Konsistenz noch etwas Wasser zugeben. Mit Cayennepfeffer abschmecken.

Pinienkernsauce

100 g Pinienkerne

1 Scheibe Vollkorntoast (ersatzweise eine entsprechende Menge Ciabatta ohne Rinde)

1 unbehandelte Zitrone

1–2 Knoblauchzehen

4–5 EL Olivenöl

Salz

getrockneter grüner Pfeffer aus der Mühle

1 Msp. Cayennepfeffer

Zubereitungszeit: 15 Min.
Pro Portion ca. 285 kcal

1 | Die Pinienkerne in einer Pfanne ohne Fett goldgelb rösten und abkühlen lassen. Das Brot kurz in kaltem Wasser einweichen und ausdrücken. Die Zitrone heiß waschen und trockenreiben. Die Schale mit dem Zestenreißer abziehen, 4 EL Saft auspressen. Knoblauch schälen und grob hacken.

2 | 1 EL Pinienkerne beiseite stellen. Den Rest mit Brot, Zitronensaft und Knoblauch im Mixer pürieren, dabei nach und nach so viel Öl untermixen, bis eine cremige Sauce entsteht. Mit Salz, Pfeffer und Cayennepfeffer abschmecken. Mit Pinienkernen und Zitronenschale bestreuen.

Walnuss-Sauce

100 g Walnusskerne

2 Scheiben Vollkorntoast (ersatzweise eine entsprechende Menge Ciabatta ohne Rinde)

1–2 Knoblauchzehen

4–5 EL Zitronensaft

4–5 EL Olivenöl

Salz | frisch gemahlener schwarzer Pfeffer

Zubereitungszeit: 15 Min.
Pro Portion ca. 295 kcal

1 | Walnusskerne in einer Pfanne ohne Fett rösten und abkühlen lassen. Ein Viertel davon grob hacken und beiseite stellen, die restlichen Nüsse im Blitzhacker mahlen.

2 | Das Brot kurz in kaltem Wasser einweichen und ausdrücken. Knoblauch schälen und zum Brot pressen, zusammen mit Zitronensaft und den gemahlenen Nüssen pürieren, dabei nach und nach das Öl untermixen. Mit Salz und Pfeffer würzen. Mit gehackten Walnüssen bestreuen.

Tipps

Wenn Sie etwas mehr gemahlene Walnusskerne zugeben, entsteht eine Paste, die sich hervorragend als Brotaufstrich eignet.
Die Walnuss-Sauce vorsichtig erwärmen, unter Rühren so viel heiße Brühe zugeben, bis die Sauce sämig ist. Nach Belieben statt Brühe Sahne verwenden. Passt gut zu Pasta.

Scharfe Variante mit Chili

1–2 rote Chilischoten waschen, putzen und sehr fein würfeln. 1/2 Bund glatte Petersilie waschen und trockenschütteln, die Blättchen abzupfen und hacken. Zusammen mit den Chiliwürfeln unter die Walnuss-Sauce mischen.

Kurzrezept: Hähnchen-Walnuss-Salat

Reste von gegartem Hähnchenfleisch zerpflücken. 2–3 Stangen Stangensellerie waschen, putzen, eventuell entfädeln und klein würfeln. 1 Apfel schälen, vierteln, vom Kerngehäuse befreien und würfeln. Sellerie, Apfel und Fleisch mit kalter Walnuss-Sauce vermengen. Mit Salz und Cayennepfeffer abschmecken. Mit Petersilienblättchen und Walnusshälften bestreuen.

Pistaziensauce

1 Bund glatte Petersilie

1–2 Knoblauchzehe

125 g Pistazienkerne

2 EL Zitronensaft

3 EL Olivenöl

75 g griechischer Joghurt (10 %)

Salz | frisch gemahlener schwarzer Pfeffer

Zubereitungszeit: 10 Min.
Pro Portion ca. 290 kcal

1 | Petersilie waschen und trockenschütteln. Die Blättchen abzupfen, einige beiseite stellen und die übrigen hacken. Knoblauch schälen und grob hacken.

2 | Von den Pistazien 1 EL beiseite stellen. Den Rest mit Petersilie und Knoblauch im Blitzhacker grob zerkleinern. Mit Zitronensaft pürieren, dabei nach und nach das Olivenöl zugeben, bis eine cremige Sauce entsteht. Joghurt unterrühren und mit Salz und Pfeffer würzen. Mit Petersilienblättchen und übrigen Pistazien bestreuen.

Tipps

Die Pistaziensauce passt sehr gut zu jungen Pellkartoffeln, zu Brokkoli, Blumenkohl, grünen Bohnen oder grünen Blattsalaten und zu gedünstetem Fischfilet.
Die Petersilie können Sie auch durch Koriandergrün ersetzen.

Kurzrezept: Pistazien-Couscous-Salat

100 g mittelfeinen Instant-Couscous mit 1/4 TL Kurkumapulver, 1 Prise Salz und 2 EL Olivenöl mischen. Mit 150 ml heißer Gemüsebrühe aufgießen und 5-6 Min. quellen lassen. 1/2 Salatgurke schälen, längs halbieren, entkernen und fein würfeln, salzen und pfeffern. Mit Couscous und einer Portion Pistaziensauce mischen. Mit Zitronenscheiben und Petersilienblättchen dekorieren.

Mandelsauce

1/2 Bund glatte Petersilie

150 g blanchierte Mandeln

Salz | frisch gemahlener schwarzer Pfeffer

1 Knoblauchzehe

1 TL Akazienhonig

4–5 EL Zitronensaft

4–5 EL Olivenöl

Zubereitungszeit: 10 Min.
Pro Portion ca. 330 kcal

1 | Petersilie waschen und trockenschütteln. Die Blättchen abzupfen, einige beiseite legen und den Rest fein hacken.

2 | 6 Mandeln längs halbieren und beiseite stellen. Die restlichen Mandeln im Blitzhacker fein mahlen. Mit Salz und Pfeffer würzen. Knoblauch schälen und dazupressen. Mit Honig und Zitronensaft sehr gut mischen. Nach und nach das Olivenöl unterschlagen, bis sich alles gut verbindet. Gehackte Petersilie untermischen.

3 | Mandelhälften und Petersilienblättchen wie Blüten darauf arrangieren.

Tipp

Die Mandelsauce passt sehr gut zu gegrilltem oder gedünstetem Fisch und ist ideal zum Dippen mit Gemüsesticks.

Variante: Mandelsauce mit Safran

1/4 TL Safranfäden mit 1/2 TL Zucker im Mörser fein zerreiben. 1 EL Zitronensaft zugeben, 10 Min. ziehen lassen. Unter die fertige Sauce mischen.

Kurzrezept: Zucchini mit Mandelsauce

600 g kleine feste Zucchini waschen, putzen, in dünne Scheiben hobeln und in 2 EL Olivenöl nicht zu weich garen. Mit Salz und schwarzem Pfeffer würzen. Mandelsauce ohne Petersilie zubereiten. Zucchini in eine Auflaufform füllen und mit der Mandelsauce bedecken. Im vorgeheizten Ofen (Mitte) bei 200° (Umluft 180°) überbacken. Mit Petersilie bestreuen.

WÜRZ-SAUCEN

Arabische Tomatensauce

1 Dose geschälte Tomaten (850 ml Inhalt)

1 mittelgroße Zwiebel (ca. 80 g)

3 Knoblauchzehen

2 EL Olivenöl

1–2 TL brauner Zucker

1 EL getrockneter Oregano

1–2 TL Harissa

Salz

Zubereitungszeit: 40 Min.
Pro Portion ca. 100 kcal

1 | Tomaten mit dem Pürierstab fein pürieren. Zwiebel und Knoblauch schälen und fein hacken. Zwiebel im Öl 4–5 Min. andünsten, Knoblauch zugeben und 1 Min. mitdünsten. Zucker zugeben und unter Rühren etwas karamellisieren lassen. Mit den pürierten Tomaten ablöschen. Die Sauce mit Oregano, Harissa und Salz würzen und offen bei geringer Hitze ca. 25 Min. köcheln lassen, dabei öfter umrühren.

Arabische Gewürzsauce

200 ml Gemüse- oder Hühnerbrühe

1 mittelgroße Zwiebel (ca. 80 g)

2 Knoblauchzehen

2 EL Butter

200 ml Arabische Tomatensauce (Rezept auf dieser Seite)

3 grüne Kardamomkapseln

1–2 TL Kräuteressig

2 TL gemahlener Cumin

2 TL gemahlener Koriander

1/2–1 TL Harissa

Zubereitungszeit: 40 Min.
Pro Portion ca. 75 kcal

1 | Die Brühe aufkochen. Zwiebel und Knoblauch schälen, beides fein hacken. Zwiebel in der Butter 3–4 Min. andünsten. Knoblauch zugeben und 1 Min. mitdünsten. Mit der heißen Brühe ablöschen. Tomatensauce unterrühren.

2 | Kardamom im Mörser anstoßen, so dass die Kapseln leicht brüchig werden, aber nicht auseinander fallen. Mit Essig, Cumin, Koriander und Harissa in die Sauce geben und ca. 20 Min. köcheln lassen. Kardamomkapseln herausnehmen. Die Sauce pürieren oder durch ein Sieb streichen.

Tipp

Die Sauce schmeckt heiß und kalt zu Fisch, Reis, gegrilltem Fleisch oder zu gegrillten Auberginen.

Harissa-Sauce

1/2 Bund glatte Petersilie

1–2 TL Harissa

4 EL konzentrierte Brühe

1 TL Zitronensaft

4 EL Olivenöl

Zubereitungszeit: 10 Min.
Pro Portion ca. 95 kcal

1 | Petersilie abspülen und trockenschütteln, die Blättchen fein hacken.

2 | Harissa, Brühe und Zitronensaft mit dem Schneebesen verrühren und tropfenweise das Öl unterschlagen. Die Petersilie unterheben.

Milde Variante mit Tomatenmark

1–2 TL Harissa mit 2 EL Tomatenmark vermischen. 1 Knoblauchzehe dazupressen. Nach und nach 120 ml Brühe unterschlagen. Mit Zitronensaft und 1 Prise Zucker abschmecken. Mit Petersilienblättchen dekorieren.

BROTREZEPTE

Fladenbrot

500 g Weizenmehl

2 TL Salz

4 EL Olivenöl

Zubereitungszeit: 10 Min.
Ruhezeit: ca. 45 Min.
Backzeit: ca. 15 Min.
Pro Fladen ca. 250 kcal

1 | Das Mehl in eine Schüssel sieben und mit dem Salz mischen. Das Olivenöl zugeben und mit dem Mehl vermengen.

2 | Mit ca. 300 ml Wasser zu einem nicht zu festen Teig verarbeiten und kräftig durchkneten. Den Teig abdecken und 30–45 Min. ruhen lassen.

3 | Den Backofen auf 200° (Umluft 180°) vorheizen. Den Teig in 8 Portionen teilen und zu Kugeln formen. Aus jeder Kugel einen dünnen Fladen ausrollen. Im Backofen (Mitte) ca. 15 Min. backen.

Kurzrezepte:
Fladenbrot mit Hackfleischfüllung

1 Fladenbrot (ca. 25 cm Ø) seitlich einschneiden und halbieren. 100 g Rinderhackfleisch mit 1 EL fein gehackter Zwiebel, 1 EL fein gehackter Petersilie, 1/2 TL Falafelgewürz (s. Seite 149) und 1/2 TL Salz vermischen. Diese Mischung auf eine Fladenbrothälfte streichen und mit der anderen Hälfte abdecken. In einer Pfanne ohne Öl bei mittlerer Hitze rösten, dabei öfter wenden. Dazu passt Gurken-Joghurt (s. Seite 43).

Scharf gewürztes Fladenbrot

1 EL Olivenöl, 1 EL Tomatenmark, 1 EL Harissa, 1/2 TL gemahlener Cumin, 1/2 TL gemahlener Koriander und etwas Salz zu einer Paste verrühren und auf ein Fladenbrot (ca. 25 cm Ø) verstreichen. Im vorgeheizten Ofen (Mitte) bei 180° (Umluft 160°) ca. 4–5 Min. backen. Inzwischen 1 kleine Zwiebel schälen, längs halbieren und in feine Streifen schneiden. 1/2 Bund glatte Petersilie waschen und trockenschütteln. Die Blättchen grob hacken, mit Zwiebelstreifen und 1 EL Sumach mischen und auf den heißen Fladen streuen. Passt zu gegrilltem Fleisch.

Sesamringe

1/2 Päckchen Trockenhefe

1 TL Zucker

1 EL Butter

250 g Weizenmehl (Type 1050)

1/2 TL Salz | 1 Ei

2–3 EL Sesamsaat

Fett für das Blech

Zubereitungszeit: 30 Min.
Ruhezeit: 45 Min.
Backzeit: ca. 25 Min.
Pro Ring ca. 105 kcal

1 | Trockenhefe und Zucker mit 4 EL lauwarmem Wasser mischen. Die Mischung stehen lassen, bis sie Blasen wirft.

2 | Die Butter schmelzen. Das Mehl in eine Schüssel sieben und mit Salz mischen. In die Mitte eine Mulde hineindrücken, die Hefemischung hineingießen. Zusammen mit der Butter verrühren. Nach und nach löffelweise etwas lauwarmes Wasser zugegeben und alles in ca. 10 Min. zu einem elastischen Teig kneten. Abgedeckt an einem warmen Ort ca. 15 Min. ruhen lassen.

3 | Das Backblech einfetten. Den Teig noch einmal durchkneten und in 12 Portionen teilen. Jedes Stück zu einer Rolle formen, die Enden übereinander legen und fest verbinden. Die Ringe auf das Blech setzen. An einem warmen Ort ca. 30 Min. gehen lassen.

4 | Den Ofen auf 180° (Umluft 160°) vorheizen. Das Ei verquirlen. Die Ringe damit bestreichen und mit dem Sesam bestreuen. Die Ringe im Backofen (Mitte) 20–25 Min. backen, bis sie goldgelb sind.

Tipps

Typisch arabisch ist die Zugabe von 1–2 TL gemahlenem Mahlep, das sind die Kerne einer Süßkirsch-Art. Nach Belieben 1 EL gemahlene Koriandersamen und 1/2 EL gemahlenen Cumin mit dem Mehl mischen.
Sesamringe sind besonders beliebt zum Frühstück.

REISVARIANTEN

Arabischer Reis

150 g Basmatireis | 2 EL Sultaninen

1–2 Schalotten (ca. 40 g)

220 ml Gemüsebrühe

2 EL Butter | 1 Lorbeerblatt

1/2 TL gemahlener Piment

1/4 TL Zimtpulver | 1/2 TL Baharat (s. Seite 148)

2 EL Mandelstifte | 1 EL Pistazienkerne

Zubereitungszeit: 25 Min.
Einweichzeit: 30 Min.
Pro Portion ca. 280 kcal

1 | Basmatireis 30 Min. in kaltem Wasser einweichen. Sultaninen separat einweichen. Schalotten schälen und fein hacken. Brühe aufkochen. Schalotten in der Butter 2–3 Min. andünsten. Reis abtropfen lassen, dazugeben und unter Rühren 2–3 Min. anbraten. Mit Brühe ablöschen. Lorbeerblatt und Gewürze zugeben und kurz aufkochen. Den Reis zugedeckt bei geringer Hitze in 10–12 Min. ausquellen lassen. Lorbeerblatt entfernen.

2 | Inzwischen die Mandelstifte in einer Pfanne ohne Fett goldgelb rösten. Abkühlen lassen und hacken. Pistazienkerne hacken. Sultaninen abtropfen lassen. Mandeln, mit Pistazien und Sultaninen unter den Reis mischen.

Zitronen-Reis

150 g Basmatireis

1 unbehandelte Zitrone

1/2 Knoblauchzehe | 220 ml Hühnerbrühe

2 EL Butter | 1 Msp. Kurkumapulver

50 g Pistazienkerne

2 Stängel Zitronenmelisse (ersatzweise Dill)

Zitronensaft (nach Belieben)

Zubereitungszeit: 25 Min.
Einweichzeit: 30 Min.
Pro Portion ca. 260 kcal

1 | Basmatireis in kaltem Wasser 30 Min. einweichen. Zitrone heiß waschen und trockenreiben. Die Schale mit dem Sparschäler in hauchdünnen Streifen abziehen, in millimeterfeine Streifchen schneiden, diese fein hacken. Knoblauch schälen. Reis abtropfen lassen. Brühe erhitzen. Butter schmelzen, bis sie schäumt. Zitronenschale darin andünsten. Knoblauch dazupressen und unter Rühren 1 Min. mitdünsten. Reis zugeben und unter Rühren 2–3 Min. anbraten. Mit Brühe ablöschen, mit Kurkuma würzen. Den Reis kurz aufkochen und zugedeckt bei geringer Hitze in 10–12 Min. ausquellen lassen.

2 | Pistazienkerne hacken. Zitronenmelisse abspülen und trockenschütteln. Die Blättchen abzupfen, einige beiseite legen, den Rest hacken. Reis nach Belieben mit einigen Spritzern Zitronensaft abschmecken. Die gehackten Melisseblättchen und die Hälfte der Pistazien untermischen. Den Rest über den Reis streuen. Mit Zitronenmelisseblättchen dekorieren.

Orangen-Reis

150 g Basmatireis | 1 unbehandelte Süßorange

170 ml Gemüsebrühe

2 EL Butter | 2 Lorbeerblätter

1 TL Arabisches Orangengewürz (s. Seite 149)

Zubereitungszeit: 25 Min.
Einweichzeit: 30 Min.
Pro Portion ca. 185 kcal

1 | Basmatireis in kaltem Wasser 30 Min. einweichen. Orange heiß waschen und trockenreiben. Ein Stück Schale mit dem Sparschäler in dünnen Streifen abziehen, mit einem scharfen Messer in millimeterfeine Streifchen schneiden und beiseite stellen. 50 ml Saft auspressen und mit der Brühe erhitzen.

2 | Den Reis abtropfen lassen. Die Brühe erhitzen. Butter erhitzen, bis sie schäumt. Den Reis zugeben und unter Rühren 2–3 Min. andünsten. Mit der Brühemischung ablöschen. Lorbeerblätter und Arabisches Orangengewürz zugeben und aufkochen. Den Reis zugedeckt bei geringer Hitze in 10–12 Min. ausquellen lassen. Lorbeerblätter und Orangenschale entfernen. Mit den Orangenstreifen bestreuen.

Safran-Reis

150 g Basmatireis

40 g Sultaninen

1/4 TL Safranfäden

1/2 TL Zucker

2 grüne Kardamomkapseln

220 ml Hühnerbrühe

2 EL Butter | 30 g Pinienkerne

Zubereitungszeit: 25 Min.
Einweichzeit: 30 Min.
Pro Portion ca. 270 kcal

1 | Basmatireis in kaltem Wasser 30 Min. einweichen. Sultaninen separat einweichen. Safranfäden mit Zucker im Mörser fein zerreiben. In 2 EL warmem Wasser einweichen. Kardamomkapseln im Mörser leicht anstoßen, so dass sie brüchig werden, aber nicht auseinander fallen.

2 | Reis abtropfen lassen. Brühe erhitzen. Butter erhitzen, bis sie schäumt. Reis zugeben und unter Rühren 2–3 Min. andünsten. Mit Brühe ablöschen. Kardamom zugeben und aufkochen. Safranflüssigkeit untermischen. Den Reis zugedeckt bei geringer Hitze in 10–12 Min. ausquellen lassen. Inzwischen die Pinienkerne ohne Fett goldgelb rösten.

3 | Sultaninen abgießen und unter den Reis mischen. Mit Pinienkernen bestreuen.

Pistazien-Reis

150 g Basmatireis

60 g Pistazienkerne

220 ml Gemüsebrühe

2 EL Butter

1 Lorbeerblatt

Zubereitungszeit: 25 Min.
Einweichzeit: 30 Min.
Pro Portion ca. 275 kcal

1 | Den Reis in kaltem Wasser 30 Min. einweichen. Von den Pistazienkernen 1 EL beiseite stellen, den Rest fein mahlen. Reis abtropfen lassen. Brühe erhitzen.

2 | Die Butter erhitzen, bis sie schäumt. Reis zugeben und unter Rühren 2–3 Min. andünsten. Mit Brühe ablöschen. Die Hälfte der gemahlenen Pistazien und das Lorbeerblatt untermischen, alles aufkochen. Den Reis zugedeckt bei geringer Hitze in 10–12 Min. ausquellen lassen. Das Lorbeerblatt entfernen.

3 | Die restlichen gemahlenen Pistazien unter den Reis mischen. Mit den beiseite gestellten Pistazien bestreuen.

Dill-Reis

150 g Basmatireis

2 Schalotten (ca. 50 g)

220 ml Gemüsebrühe

2 EL Butter

1 TL getrocknete Dillspitzen

frisch gemahlener schwarzer Pfeffer

2 Stängel Dill

Zubereitungszeit: 25 Min.
Einweichzeit: 30 Min.
Pro Portion ca. 190 kcal

1 | Basmatireis in kaltem Wasser 30 Min. einweichen. Schalotten schälen und sehr fein hacken. Reis abtropfen lassen. Brühe erhitzen.

2 | Schalotten in der Butter in 2–3 Min. andünsten. Reis zugeben und unter Rühren 2–3 Min. anbraten. Mit Brühe ablöschen, mit getrocknetem Dill und Pfeffer würzen und alles aufkochen. Reis zugedeckt bei geringer Hitze in 10–12 Min. ausquellen lassen.

3 | Inzwischen den Dill abspülen und trockenschütteln, die Spitzen abzupfen und hacken. Den Reis mit Dill bestreuen.

VORSCHLÄGE FÜR MEZZETAFELN

Gefüllte Kibbeh (s. Seite 35)

Olivensalat mit Schafskäse (s. Seite 39)

Ganz einfach

Marinierte Würzmöhrchen (s. Seite 55)
Orangen-Zwiebel-Salat (s. Seite 43)
Hähnchenkroketten mit Datteln (Variante s. Seite 91)
Avocado-Dessert mit Limetten und Pistazien (s. Seite 140)
»Weißer Kaffee« (s. Seite 132)

Blitzschnell

Avocado-Sesam-Paste (s. Seite 42)
Rucola-Tomaten-Salat mit Feta (s. Seite 85)
Süß-scharfe Hähnchenleber (s. Seite 81)
Paradies-Dessert mit Äpfeln und Halwa (s. Seite 141)

Besonders preiswert

Arabische Kartoffelpaste (s. Seite 55)
Gurken-Joghurt (s. Seite 43)
Weißkohl-Salat mit Roter Bete (s. Seite 51)
Ful mit Zitrone und Harissa (s. Seite 36)
Orientalischer Orangensalat (s. Seite 136)

Sommerlich

Feta-Melonen-Häppchen (s. Seite 71)
Rotbarbe mit Oliven-Mandel-Couscous (s. Seite 67)
Zitronige Hähnchenbälle mit Pistazien (s. Seite 91)
Möhren-Orangen-Salat (s. Seite 64)
Limetten-marinierte Melone mit Frischkäsecreme (s. Seite 133)
Granatapfel-Kirschsaft-Getränk (s. Seite 145)

Winterlich

Honig-marinierte Paprika (s. Seite 71)
Rote-Bete-Granatapfel-Salat (s. Seite 88)
Gegrillte Feigen mit Ziegenfrischkäse (s. Seite 68)
Hirschsteak auf Marzipan-Rosmarin-Sauce (s. Seite 126)
Kardamon-Walnuss-Milchreis mit Orangensirup (s. Seite 133)

Luxus pur

Safran-Sahne-Gelee auf marinierten Gurken (s. Seite 117)
Zanderfilet auf Koriander-Petersilien-Sauce (s. Seite 103)
Wachteln mit Walnusspflaumen (s. Seite 110)
Rehrücken mit Pistazien-Zimt-Kruste (s. Seite 98)
Orangen-Safran-Sorbet mit Pistazien (s. Seite 144)

Sie erwarten Gäste mit verwöhntem Geschmack? Sie planen ein Sommerfest oder ein Picknick? Oder Sie möchten einfach nur einen schönen Abend mit Freunden verbringen, doch Zeit und Budget sind etwas knapp? Ob leicht oder üppig, ob aufwändig oder schnell gemacht – für die unterschiedlichsten Situationen und Wünsche finden Sie hier verlockende Menüvorschläge. Wie Sie die Rezeptmengen der gewünschten Personenzahl anpassen können, finden Sie in der Gebrauchsanweisung auf Seite 146.

Gegrillte Feigen mit Ziegenfrischkäse (s. Seite 68)

Gefüllte Hähnchenbrust auf Aprikosen-Rosinen-Sauce (s. Seite 104)

Vegetarisch edel

Muhammara (s. Seite 39)
Wachteleier auf Gemüsetürmchen (s. Seite 117)
Minze-Walnuss-Joghurt (s. Seite 47)
Champignons mit Pistazien-Couscous-Füllung (s. Seite 86)
Walnuss-Marzipan-Würfel (s. Seite 135)

Fingerfood

Zimtaprikosen mit Ricottafüllung (s. Seite 76)
Putenbruststreifen in Mandelhülle (s. Seite 76)
Safran-Zimt-Zwiebeln (s. Seite 81)
Walnuss-Lamm-Bällchen (s. Seite 68)
Datteln mit Zimt-Frischkäse-Füllung (s. Seite 89)
Quittenkonfekt mit weißen Mandeln (s. Seite 132)

Fettarm geniessen

Tomatengelee auf Joghurt-Rucola-Dressing (s. Seite 101)
Garnelen auf orientalischer Apfelsauce (s. Seite 98)
Joghurt-marinierte Hähnchenspieße (s. Seite 64)
Paprikasalat mit Chili und Rucola (s. Seite 92)
Kaffee-Sorbet (s. Seite 137)

Klassisch

Falafel (s. Seite 32) mit Sesamsauce (s. Seite 150)
Mutabbal (s. Seite 33)
Tabuleh (s. Seite 32)
Hummus (s. Seite 33)
Gefüllte Halbmondtäschchen (s. Seite 47)
Zitronen-Grieß-Schnitten (s. Seite 143)

Gut vorzubereiten

Möhrenkroketten mit Aprikosen und Walnüssen (s. Seite 82)
Hähnchen in Senf-Mandel-Sauce (s. Seite 109)
Salatschiffchen mit Linsen-Nuss-Salat (s. Seite 119)
Fruchtig-scharfe Frischkäse-Röllchen (s. Seite 109)
Quitten in Vanillesirup (s. Seite 138)

Fürs Picknick

Fatair (s. Seite 48)
Labaneh (s. Seite 56)
Gefüllte Weinblätter (s. Seite 40)
Weiße Bohnen in Limettensenf (s. Seite 89)
Olivensalat mit Schafkäse (s. Seite 39)
Dattelkonfekt (s. Seite 138)

GLOSSAR

Akazienhonig

ist ein besonders fein-aromatischer, hell-klarer Honig, der andere Aromen nicht dominiert, sondern dezent unterstützt und deshalb gut in die feine arabische Küche passt. Im Mai und Juni sammeln die Bienen den Blütennektar der duftenden Akazienbäume (*Robinia pseudoacacia*). Wegen seines natürlichen hohen Fruchtzuckergehaltes bleibt Akazienhonig lange flüssig und eignet sich deshalb auch hervorragend zum Süßen von kalten Speisen.

Berberitzen

sind saure kleinen Früchte, enthalten viel Vitamin C und sind reich an Kalium. Der Geschmack ist säuerlich und fruchtig, die Farbe tiefrot. Berberitzen werden schon seit langer Zeit als Heilmittel benützt, so z.B. zur Entschlackung und Entgiftung, gegen Fieber, zur Stärkung der Leberfunktion und bei Sodbrennen. Sie sind basisch und wirken somit stark entsäuernd. Für die Verwendung in der Küche sollten Sie die Früchtchen gut verlesen, da sich gelegentlich kleine Ästchen mit Stacheln zwischen den Beeren befinden. Kurzes Einweichen in kaltem Wasser und Anschmoren in Butter lassen die getrockneten Beeren wieder prall und leuchtend rot werden.

Bistirma

auch Pistirma oder Basturma genannt, ist eingelegtes, luftgetrocknetes Rindfleisch, das ähnlich wie Bündner Fleisch hauchdünn aufgeschnitten wird. Vor dem Trocknen wird es mit einer Paste aus Paprikapulver, Cumin, Knoblauch, Bockshornklee und Wasser eingestrichen, wodurch das Fleisch seinen würzigen Geschmack erhält.

Bulgur

entsteht, wenn Weizenkörner zunächst gekocht, geschält und getrocknet und schließlich zu feinem, mittlerem oder grobem Granulat zerkleinert werden. Bulgur gibt es in türkischen Supermärkten, Naturkostläden oder in gut sortierten Lebensmittelgeschäften. Er ist sehr vielseitig verwendbar und schmeckt zum Beispiel in Salaten und Suppen, als Beilage oder süße Nachspeise. Bulgur schmeckt nicht nur gut, er ist auch gesund, weil er viele wichtige Mikronährstoffe enthält, z. B. Mangan, Phosphor, Eisen und Vitamin E.

Couscous

wird aus Hartweizen hergestellt, der nach dem Mahlen zu Grieß geformt, in Wasserdampf gegart und anschließend getrocknet wird. Traditionell wird Couscous in speziellen Dämpfeinsätzen gegart. Sie können aber auch problemlos Instant-Couscous verwenden, der in wenigen Minuten ausgequollen und verzehrfertig ist. Couscous können Sie ebenfalls mit den unterschiedlichsten Gewürzen und Zutaten kombinieren.

Cumin

auch Kreuzkümmel genannt, ist ähnlich sichelförmig wie Kümmel, aber kleiner, bräunlicher und anders im Geschmack. Cumin ist ein typisches Gewürz aus dem Orient und Bestandteil vieler Gewürzmischungen, z. B. von Baharat. Sein Aroma ist kräftig, intensiv und warm. Cumin schmeckt scharf und herb. Trockenes Rösten steigert das Aroma und reduziert gleichzeitig die Schärfe. Gemahlen verliert Cumin rasch an Geschmack und Aroma, deshalb möglichst immer frisch mahlen.

Datteln

gibt es in unterschiedlichsten Sorten, von länglichschmal bis rund, von gelblich, rötlich oder braun bis tiefviolett. Alle Sorten haben ein weiches, süßes Fruchtfleisch. Die vitamin- und mineralstoffreichen Früchte enthalten viel Zucker und spenden daher schnell Energie. Datteln können Sie frisch oder getrocknet verzehren. Da die frischen Früchte nur begrenzt haltbar sind und bei längerer Lagerung tiefgekühlt werden müssen, kommen Datteln bei uns meistens getrocknet in den Handel. Halbgetrocknete Früchte, z. B. aus dem Iran, sind im Kühlschrank lange haltbar. Optisch und geschmacklich sind sie eine Kreuzung aus frischen und getrockneten Datteln. Datteln können Sie gut mit Frischkäse, Walnusskernen oder Marzipan füllen. Eine salzige Variante sind mit Speck umwickelte und gegrillte Datteln.

GLOSSAR

Dattelsirup

enthält etwa 70 Prozent Zucker, 23–27 Prozent Wasser und reichlich Mineralstoffe, vor allem Kalium und Kalzium, außerdem viel Vitamin C. Die frisch geernteten Datteln werden gekocht, entsteint, gepresst und gefiltert. Der Saft wird dann bei 80° C eingedickt. Dattelsirup wird zum Backen und Kochen verwendet, wobei sein Aroma noch intensiver wird. Dattelsirup ist ideal zum Süßen von Pfannkuchen, Quarkspeisen oder Müslis. Gibt es in türkischen Läden zu kaufen.

Dattelpaste

besteht zu 100 Prozent aus entsteinten, gepressten Datteln. Dattelpaste gibt es in Blöcken im türkischen Supermarkt zu kaufen. Diese Paste schmeckt gut in Saucen und in Gebäck. Dafür wird sie erst klein geschnitten und in etwas warmem Wasser bei mittlerer Hitze unter Rühren geschmolzen, dann untergerührt.

Feigen

haben je nach Herkunft und Sorte eine violette bis grünlich-gelbe Schale. Die Schale ist ebenso essbar wie das rosa bis rötliche Fruchtfleisch und die kleinen Kerne. Violette Feigen werden meistens roh verzehrt. Sie schmecken süßlich und aromatisch. Frische Feigen sind sehr empfindlich, auch gegen Druck, und nur wenige Tage haltbar. Die grünen und gelben Sorten werden eher zum Trocknen verwendet, wobei der Geschmack süßer und würziger wird.

Granatäpfel

haben unter einer lederartigen rötlich-bräunlichen Schale bis zu 150 Samenkerne, die von leuchtendrotem Fruchtfleisch umgeben sind und in Kammern aus gelblichen Häutchen sitzen. Wegen der vielen Kerne gilt der Granatapfel als Symbol der Fruchtbarkeit. Der Saft der Granatäpfel gibt Gerichten eine süß-säuerliche Note. Mit frisch ausgelösten Kernen werden süße und pikante Speisen garniert.

Granatapfelsirup

wird aus unreifen Granatäpfeln hergestellt. Der eingedickte dunkelbräunliche Sirup wird zum Marinieren von Fleisch oder zum Würzen von Saucen verwendet. Sie bekommen den Syrup im türkischen Supermarkt. Mit Wasser verdünnt ergibt er ein erfrischendes und herb-säuerliches Getränk. Verwechseln Sie ihn nicht mit dem süßeren Grenadinesirup, der zumeist für Cocktails verwendet wird.

Halwa

ist eine süße Spezialität, die man überall im Nahen Osten findet. Sie besteht hauptsächlich aus Sesamsaat, Zucker oder Honig und Pflanzenöl. Durch das Beimischen von kandierten Früchten, Mandeln, Pistazien oder Kakao, aber auch von Rosenwasser oder Safran ergeben sich verschiedene Geschmacksrichtungen.

Harissa

ist eine sehr scharfe Paste aus getrockneten Chilischoten, die den Hauptbestandteil darstellen, sowie Knoblauch, Salz, Cumin, Koriander und Olivenöl. Man kann gute Produkte fertig kaufen oder Harissa selbst herstellen (s. Seite 149). Harissa wegen der Schärfe immer sehr sparsam dosieren.

Kardamom

wird im Orient besonders als Kaffeegewürz verwendet. Kardamom hat ein sehr charakteristisches Aroma – süßlich und ein wenig an Kampfer erinnernd. Kardamom schmeckt auch leicht brennend, mit einer deutlichen Bergamottenote. Gemahlener Kardamom verliert rasch sein Aroma. Deshalb am besten die grünen Kapseln kaufen und bei Bedarf die braun-schwarzen Samen herauslösen und mahlen.

Kichererbsen

wurden erstmals in der Levante und im alten Ägypten kultiviert und verbreiteten sich dann über den gesamten Vorderen Orient bis nach Indien. Sie sind mit ihrem Eisen- und Ballaststoffgehalt ein vollwertiges Nahrungsmittel. Getrocknete Kichererbsen müssen über Nacht eingeweicht und anschließend je nach Sorte 30–45 Min. gekocht werden. Sie haben ein besseres Aroma und eine angenehmere Konsistenz als Kichererbsen aus der Dose.

Koriander

wurde schon im alten Ägypten angebaut. Die Pflanze bringt gleich zwei Gewürze hervor: die bekannten Koriandersamen und das Koriandergrün, auch arabische oder asiatische Petersilie genannt. Das Koriandergrün hat ein intensives Aroma und wird in der Küche des Nahen Ostens viel verwendet. Sein starker Geruch ist für manche Menschen gewöhnungsbedürftig. Die Koriandersamen haben ein warmes, holziges und nussiges Aroma. Sie schmecken mild-pfeffrig mit einer deutlichen Orangennote und können großzügig verwendet werden. Trockenes Rösten steigert Geschmack und Aroma.

Minze

ist aus der arabischen Küche nicht wegzudenken, egal ob in Tabuleh, Ayran, Minztee oder zur Dekoration von Desserts. Die im Nahen Osten meistens verwendeten Minzesorten gehören zu der Gattung »Mentha spicata«, einer Gruppe von mild-mentholigen grünen Minzen.

Orangenblütenwasser

wird durch Destillation aus den Blüten der Pomeranzen oder Bitterorangen, gewonnen und wird überwiegend zum Aromatisieren von Süßspeisen verwendet. Orangenblütenwasser gibt es in orientalischen Supermärkten oder auch in Apotheken.

Pfeffer – grün und getrocknet

ist unreif geernteter Pfeffer, der unter Vakuum getrocknet wird. Er schmeckt frischer und weniger scharf als schwarzer oder weißer Pfeffer und passt gut zu zitronigen Gerichten. Grüner Pfeffer lässt sich leicht im Mörser zerdrücken.

Piment

gehört zu den wichtigsten Gewürzen der orientalischen Küche. Es ist besonders vielseitig einsetzbar, nicht umsonst heißt es auch »Allgewürz« (Allspice) oder »Nelkenpfeffer«. Tatsächlich schmeckt Piment nach Nelken, Muskat und Zimt und gleichzeitig leicht pfeffrig. Piment harmoniert mit süßen wie mit pikanten Gerichten und passt deshalb gut zu orientalischen Gerichten, in denen Honig und süße Trockenfrüchte mit scharf gewürztem Fleisch kombiniert werden.

Pinienkerne

stammen aus den ausgereiften Zapfen der mediterranen Steinpinie. Ihr Geschmack ist süß und mandelähnlich und wird durch Rösten noch gesteigert. In der orientalischen Küche werden die kleinen ovalen Samenkerne in Fleischfüllungen gemischt, geröstet über diverse Gerichte gestreut oder zu Saucen verarbeitet.

Pistazienkerne

bekommt man entweder geröstet und gesalzen meist in ihrer harten Schale, die

aber leicht zu öffnen ist. Der grüne Kern ist von einer rötlich-bräunlichen Haut umgeben. Oder Sie kaufen die geschälten, ungesalzenen Kerne, die sich besonders für Desserts eignen. Achten Sie unbedingt darauf, dass die Kerne immer leuchtend grün sind. Eine gelbliche Färbung weist meist auf Vorjahresware hin.

Quitten

eignen sich für süße wie für pikante Gerichte. Dafür werden sie geschält und gedämpft oder gekocht und püriert oder zu Saft verarbeitet. Roh sind sie nicht genießbar. Ihr unverwechselbares Aroma harmoniert mit vielen anderen orientalischen Aromen, besonders mit Zimt.

Rosenwasser

ist ein Nebenprodukt bei der Destillation von Rosenöl aus den Blüten der Damaszenerrose. Verwenden Sie es zum Aromatisieren von Süßigkeiten, Gebäck und Desserts. Wegen seines intensiven, parfümhaften Aromas sollte es sehr sparsam dosiert werden. Sie bekommen es wie Orangenblütenwasser in orientalischen Supermärkten oder in der Apotheke.

GLOSSAR

Safran

ein unverwechselbares, intensives Aroma, honigartig und zart-herb. Safran ist zwar teuer, aber dafür sehr ergiebig. Oft reicht eine Messerspitze, um einem Gericht den typischen Geschmack und die gelbe Farbe zu verleihen. Safran möglichst immer in Fäden kaufen, im Mörser mit etwas Salz oder Zucker zerreiben und in wenig Flüssigkeit ziehen lassen. Wer besonderen Wert auf die Farbe legt, gibt Safran zu Beginn des Kochens an das Gericht. Wem aber das Aroma wichtig ist, gibt Gewürzfäden gegen Ende der Kochzeit an das Essen.

Schwarzkümmel

kennt man vom türkischen Fladenbrot und ist in türkischen Lebensmittelgeschäften erhältlich. Die kantigen samtig-schwarzen Samen schmecken würzig-herb und pfeffrig-nussig. Ihr volles Aroma entwickeln sie beim Mahlen oder Kauen.

Tipp: Schwarzkümmel auf Hummus oder Feta streuen. Schmeckt auch mit Sesam gemischt.

Sumach

wird in türkischen Supermärkten ganz oder grob gemahlen angeboten. Die rotbraunen Beerenfrüchte schmecken säuerlich und fruchtig-herb. Sumach wird besonders im Vorderen Orient gerne als Tischgewürz verwendet. Man verwendet es ebenso zum Marinieren von Fleisch. Sumach ist wichtiger Bestandteil der Gewürzmischung Za'tar.

Tauben

haben ein zartes, feines Fleisch. Man bekommt sie in Feinkostgeschäften als Zucht- oder Wildtauben, deren Fleisch geschmacklich intensiver ist. Zum Braten sollten nur junge Tauben verwendet werden, und zwar am besten im Frühjahr. In dieser Zeit schmecken sie am besten. Küchenfertige, gerupfte und ausgenommene Tauben wiegen zwischen 250 und 400 Gramm. Das Brustfleisch macht etwa 26 Prozent, die Schenkel etwa 10 Prozent einer bratfertigen Taube aus.

Wachteln

sind die kleinsten Vertreter des Wildgeflügels. Ihr zartes Fleisch ist schmackhaft und aromatisch. Wachteln werden halbwild in Freigehegen gezüchtet. Ihr durchschnittliches Gewicht liegt bei etwa 85 Gramm. Eine besondere Delikatesse sind die kleinen Wachteleier. Sie werden wie Hühnereier hart gekocht und gepellt oder als Spiegelei gebraten.

Yufkateig

umhüllt süße oder pikante Füllungen. Für die beliebten Teigtäschchen muss der Teig hauchdünn ausgerollt werden. Wem das zu mühsam ist, kann fertigen Yufkateig in türkischen

Lebensmittelgeschäften kaufen, meist rund oder eckig zugeschnitten. Da der Teig sehr schnell austrocknet, sollten Sie die einzelnen Teigplatten bis zur endgültigen Verwendung mit einem feuchten Küchentuch bedecken.

Zimt

stammt aus Sri Lanka (Ceylon) und ist aus der orientalischen Küche nicht wegzudenken. Das Gewürz wird nicht nur für Süßspeisen verwendet, sondern gibt auch vielen pikanten Gerichten ein angenehm warmes, holzig-duftiges Aroma. Zimt würzt sehr intensiv, deshalb nur sparsam verwenden. Oder ein Stück Zimtstange mitkochen lassen und nach einiger Zeit wieder entfernen.

ZUM WEITERLESEN

Mehr Lust auf Orient?

Wer zum Kardamomkaffee noch in schönen Bildern schwelgen will, für den ist dieser üppige Bildband genau richtig. Mit authentischen Berichten von Claudie Baran und stimmungsvollen Bildern von Erick Bonnier. Libanonfreunde freuen sich über die Beschreibungen der Altstädte von Tripoli und Sidon.

Claudie Baran, Erick Bonnier
Souks Märkte und Basare von Aleppo bis Sanaa
Christian Verlag, 39,90 €

Kulinarischer Reiseführer

Das Buch »Orient Küche & Kultur« begleitet auf eine faszinierende Reise durch die Küchen Nordafrikas und des Nahen Ostens. Von Marokko und Algerien in den Jemen und nach Syrien, vom Iran bis nach Saudi-Arabien. Neben aufregenden Rezepten erfährt man viel über die Menschen und ihre Kulturen.

Barbara Lutterbeck, Jürgen Christ
Orient Küche & Kultur
GRÄFE UND UNZER VERLAG, 29,90 €

Orient zum Schmecken und Nachschlagen

»Die orientalische Küche« ist ein Mix aus klassischem Kochbuch und Food-Lexikon mit vielen kulturhistorischen Hintergrundinformationen.

Ghillie und Jonathan Basan
Die orientalische Küche
Collection Rolf Heyne, 24,00 €

Orient – nicht nur für Anfänger

In bewährter »Basics«- Manier nimmt »Oriental Basics« Küchen-Neulingen die Berührungsangst und führt locker in die Geheimnisse der orientalischen Küche ein. Aber auch Kocherfahrene finden viele neue Anregungen.

Cornelia Schinharl, Sebastian Dickhaut
Oriental Basics
GRÄFE UND UNZER VERLAG, 15,00 €

Würzen

Die Liebe der Autorin zur orientalischen Küche wird in ihrem Buch »Würzen« deutlich, besonders wenn sie zeigt, wie man aromatische Gewürz-Mischungen wie »Persisches Rosengewürz« oder »Ras el Hanout« selber herstellen kann.

Bettina Matthaei
Würzen
GRÄFE UND UNZER VERLAG, 24,90 €

»Augenschmaus und Lesefutter«

Das verspricht der Band »Damaskus«. Im Nachbarland Syrien ist die Küche ähnlich wie im Libanon – kulinarisch sind die Grenzen fließender als in der Politik. So sind viele syrische Rezepte den libanesischen sehr ähnlich. Besonders ausführlich: die Beschreibung der verwendeten Gewürze. Der attraktive Schuber macht aus dem Band ein hübsches Geschenk.

Marie Fadel und Rafik Schami
Damaskus
Sanssouci Verlag, 14,90 €

Libanesisch Schmökern

Der in Frankreich lebende Libanese Amin Maalouf erzählt die Geschichte eines libanesischen Dorfes im 19. Jahrhunderts in politisch unruhigen Zeiten. Für diesen Roman erhielt der Autor in Frankreich den Prix Goncourt.

Amin Maalouf
Der Felsen von Tanios
Suhrkamp Verlag, 10,00 €

Schicksal zwischen Orient und Okzident

Amin Maalouf erzählt die Geschichte des Türken Ossiyan, der zunächst in den Libanon flieht, dann in Frankreich studiert. Im 2. Weltkrieg arbeitet er für die Résistance, wo er eine Grazer Jüdin kennen lernt, mit der er abwechselnd in Beirut und Haifa lebt, bis der arabisch-israelische Krieg den Grenzübertritt verbietet.

Amin Maalouf
Die Häfen der Levante
Suhrkamp Verlag, 7,50 €

Erzählen gegen das Vergessen

In einem libanesischen Lazarett sitzt ein Mann am Bett seines sterbenden Freundes und erzählt gegen dessen Tod an – um nicht zu verzweifeln und nicht zu vergessen. So entsteht eine romanhaft erzählte Chronik des Nahost-Konflikts.

Elias Khoury
Das Tor zur Sonne
Klett-Cotta, 25,00 €

Scheherezades Nachkomme

Der Autor berichtet über einen arabischen Beruf mit langer Tradition – den des »Hakawati«, des Geschichtenerzählers.

Jusuf Nazoum
Nacht der Phantasie
Kaffeehausgeschichten
DTV, 9,50 €

Libanesisches Tagebuch

Schon beim ersten Aufschlagen merkt man, dass es sich nicht um einen klassischen Reiseführer, sondern um ganz persönliche Aufzeichnungen und Gedanken des Autors handelt. 2003 verbrachte Michael Kleeberg 4 Wochen in Beirut und führte u.a. Gespräche mit Abbas Beydoun, einem bekannten libanesischem Schriftsteller.

Michael Kleeberg
Das Tier, das weint
DVA, 17,90 €

REGISTER

A

Akazienhonig 159
Äpfel
Garnelen auf orientalischer Apfelsauce 98
Paradies-Dessert mit Äpfeln und Halwa 141
Aprikosen
Möhrenkroketten mit Aprikosen 82
Aprikosenhähnchen mit Pistazien-Couscous 114
Arabische Gewürzsauce 152
Arabische Kartoffelpaste 55
Arabische Tomatensauce 152
Arabischer Kardamom-Kaffee 132
Arabischer Reis 154
Arabisches Orangengewürz 149
Artischocken
Artischockenböden mit Doradenfilets 101
Artischockenböden mit Mandel-Paste 75
Auberginen
Aubergine mit Feta und Tomatensauce 56
Auberginen-Bistirma-Röllchen 77
Auberginenpüree mit Tahina 33
Auberginenröllchen (Variante) 65
Avocado
Avocado-Dessert mit Limetten und Pistazien 140
Avocado-Sesam-Paste 42
Avocado-Tomaten-Paste 88

B

Baharat 148
Batata Harra 51
Berberitzen
Berberitzen 159
Entenbrust mit Berberitzenreis 99
Bistirma
Auberginen-Bistirma-Röllchen 77
Bistirma 159
Bohnen
Kirschtomaten mit Bohnenmus-Füllung 65
Weiße Bohnen in Limettensenf 89
Brotsalat 36
Bulgur 159

C

Champignons mit Safran-Couscous 86
Chermoula-Fisch 78
Chermoula-Hähnchen (Variante) 78
Couscous
Aprikosenhähnchen mit Pistazien-Couscous 114
Champignons mit Safran-Couscous 86
Couscous 159
Pistazien-Couscous-Salat (Kurzrezept) 151
Rotbarben mit Oliven-Mandel-Couscous 67
Safran-Couscous mit Limettengarnelen 103
Cumin 159

D

Datteln
Dattelkonfekt 138
Datteln 159
Datteln mit Zimt-Frischkäse-Füllung 89
Dattelpaste 160
Dattelsirup 160
Rindermedaillons mit Datteln 125
Dill-Reis 155
Dorade: Artischockenböden mit Doradenfilets 101
Dschalab 144

E

Eingelegte Joghurtbällchen 56
Entenbrust mit Berberitzenreis 99
Erdbeeren: Zimtparfait mit marinierten Erdbeeren 140

F

Falafel 32
Falafel-Mix 149
Fatair 48
Fatteh 59
Fattusch 36
Feigen
Feigen 160
Feigen mit Ziegenfrischkäse, Gegrillte 68
Kalbsleber mit Feigen-Senf-Creme 125
Rinderfilet auf Feigen-Anis-Sauce 123
Feta
Aubergine mit Feta und Tomatensauce 56
Feta-Melonen-Häppchen 71
Rucola-Tomaten-Salat mit Feta 85
Fladenbrot 153
Fladenbrot mit Hackfleischfüllung (Kurzrezept) 153
Fladenbrot, Scharf gewürztes (Kurzrezept) 153
Frischkäse
Datteln mit Zimt-Frischkäse-Füllung 89
Fruchtig-scharfe Frischkäse-Röllchen 109
Marinierte Melone mit Frischkäsecreme 133
Frittierte Sardinen in Kartoffelhülle 52
Fruchtig-scharfe Frischkäse-Röllchen 109
Ful mit Zitrone und Harissa 36

G

Garnelen
Garnelen auf orientalischer Apfelsauce 98
Safran-Couscous mit Limettengarnelen 103
Gefüllte Hähnchenbrust auf Aprikosen-Rosmarin-Sauce 104
Gefüllte Halbmondtäschchen 47
Gefüllte Kibbeh 33
Gefüllte Weinblätter 40
Gegrillte Feigen mit Ziegenfrischkäse 68
Gewürze 148
Gewürzsauce, Arabische 152
Granatapfel
Granatäpfel 160
Granatapfel-Kirschsaft-Getränk 145
Granatapfelsirup 160
Lammfilet mit Granatapfel-Kirsch-Sauce 119
Rote-Bete-Granatapfel-Salat 88
Sellerie mit Oliven und Granatapfelkernen 77

Grieß: Zitronen-Grieß-Schnitten mit Walnüssen 143
Grüner Pfeffer 161
Grüner Spargel mit Safran-Mandel-Sauce 99
Gurken
Gurken-Joghurt 43
Gurkensalat mit Orangenblütenwasser (Variante) 43
Safran-Sahne-Gelee auf marinierten Gurken 117

H

Hähnchen in Senf-Mandel-Sauce 109
Hähnchenbälle mit Pistazien, Zitronige 91
Hähnchenbrust auf Aprikosen-Rosmarin-Sauce, Gefüllte 104
Hähnchenkeulen mit Safran und Kichererbsen 112
Hähnchenkroketten mit Datteln (Variante) 91
Hähnchenleber, Süß-scharfe 81
Hähnchen-Walnuss-Salat (Kurzrezept) 150
Halwa
Halwa 160
Paradies-Dessert mit Äpfeln und Halwa 141
Harissa
Harissa 149, 160
Harissa-Sauce 152
Hirschsteak auf Marzipan-Rosmarin-Sauce 126
Honig-glasierte Täubchen 106
Honig-marinierte Paprika 71
Hummus
Hummus 33
Wachteleier auf Gemüsetürmchen 117

J

Joghurt
Eingelegte Joghurtbällchen 56
Gurken-Joghurt 43
Joghurt-marinierte Hähnchenspieße 64
Minze-Walnuss-Joghurt 47
Tomatengelee auf Rucola-Joghurt-Dressing 101

K

Kaffee-Sorbet 137
Kalbsleber mit Feigen-Senf-Creme 125
Kardamom
Arabischer Kardamom-Kaffee 132
Kardamom 160
Kardamom-Walnuss-Milchreis 133
Kartoffeln, Scharfe 51
Kartoffelpaste, Arabische 55
Kibbeh, Gefüllte 33
Kichererbsen
Hähnchenkeulen mit Safran und Kichererbsen 112
Kichererbsen 161
Kichererbsenbällchen 32
Kichererbsenpüree 33
Kirschtomaten mit Bohnenmus-Füllung 65
Koriander 161

L

Labaneh 56
Lamm
Lammfilet auf Olivensauce 72
Lammfilet mit Granatapfel-Kirsch-Sauce 119
Lammkotelett in Tomatensauce 72
Lammwürstchen 44
Zartes Lamm mit Gewürz-Quitten 120
Lebanese Pepper Mix 149
Lubije bel Banadura 42

M

Mandeln
Mandelsauce 151
Mandelsauce mit Safran (Variante) 151
Putenbruststreifen in Mandelhülle 76
Marinierte Würzmöhrchen 55
Melone
Feta-Melonen-Häppchen 71
Marinierte Melone mit Frischkäsecreme 133
Melone mit geeister Mohnsahne 136
Minipizzen 48
Minze
Minze 161
Minze-Walnuss-Joghurt 47
Minzige Zucchini-Röllchen 85
Mohnsahne: Melone mit geeister Mohnsahne 136
Möhren
Möhrenkroketten mit Aprikosen 82
Möhren-Orangen-Salat 64
Muhammara 39
Mutabbal 33

N

Nüsse
Minze-Walnuss-Joghurt 47
Süß-pikant gewürzte Nüsse 145

O

Oliven
Olivensalat mit Schafkäse 39
Sellerie mit Oliven und Granatapfelkernen 77
Orangen
Arabisches Orangengewürz 149
Möhren-Orangen-Salat 64
Orangenblütenwasser 161
Orangenfilets in Vanillesirup 141
Orangen-Reis 154
Orangen-Safran-Sorbet mit Pistazien 144
Orangen-Zwiebel-Salat 43
Orientalischer Orangensalat 136

P

Paprika
Honig-marinierte Paprika 71
Paprikasalat mit Chili und Rucola 92
Paradies-Dessert mit Äpfeln und Halwa 141
Petersiliensalat 32

REGISTER

Pikante Walnusspaste 39
Piment 161
Pinienkerne
Pinienkerne 161
Pinienkernsauce 150
Pistazien
Pistazien-Couscous-Salat (Kurzrezept) 151
Pistazienkerne 161
Pistazien-Reis 155
Pistaziensauce 151
Putenbruststreifen in Mandelhülle 76

Q

Quitten
Quitten 161
Quitten in Vanillesirup 138
Quittenkonfekt mit weißen Mandeln 132
Zartes Lamm mit Gewürz-Quitten 120

R

Rehrücken mit Pistazien-Zimt-Kruste 98
Reis
Arabischer Reis 154
Dill-Reis 155
Orangen-Reis 154
Pistazien-Reis 155
Safran-Reis 155
Zitronen-Reis 154
Ricotta: Zimtaprikosen mit Ricottafüllung 76
Rinderfilet auf Feigen-Anis-Sauce 123
Rindermedaillons mit Datteln 125
Rosenwasser 161
Rosinengetränk 147
Röstbrot mit Joghurt, Lamm und Pinienkerne 59
Rotbarben mit Oliven-Mandel-Couscous 67
Rote Beten
Rote-Bete-Granatapfel-Salat 88
Weißkohl-Salat mit Roten Beten 51
Rucola
Paprikasalat mit Chili und Rucola 92
Rucola-Tomaten-Salat mit Feta 85
Tomatengelee auf Joghurt-Rucola-Dressing 101
Zucchini mit Rucola-Mandel-Paste 65

S

Safran
Safran-Couscous mit Limettengarnelen 103
Safran-Reis 155
Safran-Sahne-Gelee auf marinierten Gurken 117
Safran-Zimt-Zwiebeln 81
Salatschiffchen mit Linsen-Nuss-Salat 119
Sardinen in Kartoffelhülle, Frittierte 52
Schafkäse: Olivensalat mit Schafkäse 39
Scharf gewürztes Fladenbrot (Kurzrezept) 153
Scharfe Kartoffeln 51
Schneidebohnen mit Tomaten 42
Schwarzkümmel 162
Sellerie mit Oliven und Granatapfelkernen 77
Sesam
Avocado-Sesam-Paste 42
Sesamringe 153
Sesamsauce 150
Sfiha 48
Spargel mit Safran-Mandel-Sauce, Grüner 99
Sumach 162
Süß-pikant gewürzte Nüsse 145
Süß-scharfe Hähnchenleber 81

T

Tabuleh 32
Tahina: Auberginenpüree mit Tahina 33
Täubchen, Honig-glasierte 106
Tauben 162
Teigschiffchen mit Feta und Basilikum 48
Tomaten
Arabische Tomatensauce 152
Avocado-Tomaten-Paste 88
Lubije bel Banadura 42
Rucola-Tomaten-Salat mit Feta 85
Schneidebohnen mit Tomaten 42
Tomatengelee auf Rucola-Joghurt-Dressing 101

W

Wachteln
Wachteleier auf Gemüsetürmchen 117
Wachteln 162
Wachteln mit Walnusspflaumen 110
Walnüsse
Pikante Walnusspaste 39
Walnuss-Lamm-Bällchen 68
Walnuss-Marzipan-Würfel 135
Walnuss-Sauce 150
Zitronen-Grieß-Schnitten mit Walnüssen 143
Weinblätter, Gefüllte 40
Weiße Bohnen in Limettensenf 89
Weißkohl-Salat mit Roten Beten 51
»Weißer Kaffee« 132
Würz-Saucen 152

Y Z

Yufkateig 162

Za'tar 148
Zanderfilet auf Koriander-Petersilien-Sauce 103
Zartes Lamm mit Gewürz-Quitten 120
Zimt
Zimt 162
Zimtaprikosen mit Ricottafüllung 76
Zimtparfait mit marinierten Erdbeeren 140
Zitronen
Zitronen-Grieß-Schnitten mit Walnüssen 143
Zitronen-Reis 154
Zitronige Hähnchenbälle mit Pistazien 91
Zucchini
Zucchini mit Mandelsauce (Variante) 151
Zucchini mit Rucola-Mandel-Paste 65
Zucchini-Röllchen, Minzige 85
Zwiebeln
Orangen-Zwiebel-Salat 43
Safran-Zimt-Zwiebeln 81

IMPRESSUM

Bettina Matthaei ist als Drehbuchautorin, Grafikerin und Dozentin an Film- und Designschulen vielfach kreativ tätig. Aus ihrer Leidenschaft für das Kochen und ganz besonders für Gewürze entstanden Kochbücher, Kolumnen, Vorträge und Workshops. Ihre ausgefallenen, aromatischen Gewürzmischungen kann man auch online bestellen. (www.1001gewuerze.de) Ihre Begeisterung für die orientalische Küche brachte Bettina Matthaei und Muhamad Salameh zusammen. Spontan entstand die Idee zu einem gemeinsamen Buch. Aus der Arbeit wurde eine wunderbare Freundschaft, die weit über diese Arbeit hinausgeht und die ganze libanesische Familie mit einbezieht.

Mohamad Salameh
Der Libanese ist Mitbegründer der »Nouvelle Cuisine Libanaise« in Beirut. In Hamburg war er viele Jahre Chefkoch im »Saliba«, bevor er sich mit seinem eigenen Partyservice und Edel-Imbiss selbstständig machte. Sein Mittagstisch im Hamburger »Salam City« ist der absolute Geheimtipp in der Werbe- und Verlagsszene rundum. (www.salam-city.de)

Michael Boyny, weitgereister Fotograf und leidenschaftlicher (Geschmacks-)Abenteurer, entdeckte für sich die arabische Küche auf zahlreichen Reisen in den Orient. Diese Erfahrungen nutzte er in seinem Studio in München, wo er zusammen mit dem Food-Stylisten Daniel Petri die raffinierten Genüsse in Szene setzte. Seine Fotos werden von Redakteuren anspruchsvoller Food-Magazine und Kochbuchverlage im In- und Ausland geschätzt. (http://www.boyny.de)

Programmleitung: Doris Birk
Konzept und Redaktion: Birgit Rademacker
Lektorat: Maryna Zimdars, Sabine Schlimm
Korrektorat: Mischa Gallé
Gestaltung und Layout: LIQUID Agentur für Gestaltung
Foodfotografie: Michael Boyny
Foodstyling: Daniel Petri
Reportagefotos: Bettina Matthaei
Herstellung: Maike Promm, Petra Roth
Layout und Satz: BuchHaus Robert Gigler
Reproduktion: Penta Repro
Druck: Appl, Wemding
Bindung: Conzella, Pfarrkirchen

ISBN (10) 3-7742-6992-0
ISBN (13) 978-3-7742-6992-7

Auflage 4. 3. 2. 1.
08 07 06 2005

Ein Unternehmen der
GANSKE VERLAGSGRUPPE

Danke!
Herzlichen Dank an Said Lamghari und Betty Gousset für ihre Unterstützung und Beratung bei der Fotoproduktion. Orientalische Requisiten, Kochgeschirr und Gewürze sind in ihrem Münchner Laden erhältlich:
Khmissa, Kazmairstr. 33, 80339 München.
khmisa@arcor.de

Das Original mit Garantie

Ihre Meinung ist uns wichtig. Deshalb möchten wir Ihre Kritik, gerne aber auch Ihr Lob erfahren. Um als führender Ratgeberverlag für Sie noch besser zu werden. Darum: Schreiben Sie uns!
Wir freuen uns auf Ihre Post und wünschen Ihnen viel Spaß mit Ihrem GU-Ratgeber.

Unsere Garantie: Sollte ein GU-Ratgeber einmal einen Fehler enthalten, schicken Sie uns das Buch mit einem kleinen Hinweis und der Quittung innerhalb von sechs Monaten nach dem Kauf zurück.
Wir tauschen Ihnen den GU-Ratgeber gegen einen anderen zum gleichen oder ähnlichen Thema um.

Ihr GRÄFE UND UNZER VERLAG
Kochen & Verwöhnen
Postfach 86 03 25
81630 München
Fax 089/419 81-113
E-mail:
leserservice@graefe-und-unzer.de